애플의 꿈

에피의 꿈

초판 1쇄 인쇄일 2021년 7월 3일
초판 1쇄 발행일 2021년 7월 10일

지은이 신원우
펴낸이 양옥매
디자인 송다희
교   정 조준경

펴낸곳 도서출판 책과나무
출판등록 제2012-000376
주소 서울특별시 마포구 방울내로 79 이노빌딩 302호
대표전화 02.372.1537   **팩스** 02.372.1538
이메일 booknamu2007@naver.com
홈페이지 www.booknamu.com
ISBN 979-11-6752-005-0 (73100)

* 저작권법에 의해 보호를 받는 저작물이므로 저자와 출판사의 동의 없이 내용의 일부를 인용하거나 발췌하는 것을 금합니다.
* 파손된 책은 구입처에서 교환해 드립니다.

슬기교육 시리즈 ❸

예쁜이의 꿈

글 신원우 ✿ 그림 신서정

시작하는 말

나무에게도 꿈이 있을까요?

'예피'는 나무였지만, 마음에는 하나의 꿈을 간직하고 있었어요. 예쁘게 피어나고 싶은 꿈 말이에요.

그 꿈을 아름답게 가꾸어 가려는 뜻에서 자신의 이름도 '예피'라고 지었지요. 그러고는 그 이름처럼 살기 위해 정말 열심히 노력했어요.

바람을 받아 튼튼하게 자라났고 햇살을 받아 무럭무럭 자라났어요. 예쁜 꽃도 피워 더욱 예쁘게 자라났지요.

친구들도 많이 찾아왔어요. 나비도 찾아왔고, 벌도, 벌레도, 땅강아지도 찾아와 친구가 되었어요. 나중에는 아이들도 찾아와 다정한 친구가 되었지요.

이런 삶을 통해 예피는 예쁘게 피어났고 둘레의 온갖 생명들과도 서로 돕고 어울리며 더 크게 피어나려 했어요.

그러던 어느 날, 잊히지 않는 사건이 일어났어요. 예피의 꿈을 꺾고 그 삶을 송두리째 앗아 가는 그런 일이 말이에요.

그리고 이해할 수 없는 일은 그다음에 일어났지요. 결코 일어날 수 없는 어떤 일이 말이에요.

  이를테면 예피는 아주 신비로운 체험을 하게 되는데, 어떤 체험이냐고요? 그것은 비밀이에요.

  어린이 여러분!

  예피에게 어떤 일이 일어났는지, 예피와 함께 멋진 여행을 떠나 보지 않겠어요?

  예쁘게 피어나고자 했고, 아름다운 세상을 만들고자 했던 예피의 꿈과 그의 삶 속에는 많은 슬기가 담겨 있어요. 그런 슬기를 찾아보지 않으실래요?

  그러면 예피의 소중한 꿈과 함께하는 행복한 여행이 되기를 바랄게요.

2021년 7월

신원우 교육학 박사

차례

시작하는 말 • 4

덕이란 무엇인가?

1. 나의 이야기를 하고 싶은 까닭 • 10
2. 돋아난 나, 예피 • 17
3. 멋지게 피어나기로 마음먹었죠 • 22
4. 처음으로 피운 꽃 • 28
5. 허무하게 꺾인 꽃송이 • 33
6. 좀 더 튼튼하게 키워야지 • 38
7. 어디론가 옮겨졌어요 • 43
8. 이 작은 동물은 무슨 동물일까? • 49
9. 아이들도 몰려왔어요 • 54
10. 탐스럽게 열린 나의 첫 열매 • 60
11. 꿈이란 고정된 것이 아니었어! • 65
12. 언젠가는 내 이름도 불러 주겠지 • 73
13. 거짓말이 적힌 팻말 • 79
14. 다 털렸어요 • 84
15. 범인이 한 사람 더 있었던 것이 아닐까? • 95
16. 마침내 또 다른 한 명이 더 나타났죠 • 104

17. 농약이 묻은 살구를 왜 털어 갔을까? • 111
18. 모처럼 한 몸, 한뜻이 되었는데 • 119
19. 잘려 나간 나의 밑동, 꺾인 나의 꿈 • 131
20. 믿기지 않을 만큼 신비로운 일 • 141

슬기 찾기 활동

슬기 찾기 활동 문제 만들기 • 157
- `1단계` 각 장에서 찾아볼 수 있는 기본 문제 • 157
- `2단계` 둘이서 생각을 나눠 볼 수 있는 문제 • 159
- `3단계` 여럿이서 생각을 나눠 볼 수 있는 문제 • 163
- `4단계` 이 이야기의 배경이나 주제와 관련된 문제 • 169

슬기 찾기 활동의 방향 살펴보기 • 173
1. 한국인은 '나'라는 말에 어떤 슬기를 담아 왔을까요? • 173
2. 꿈이란 무엇일까요? • 176
3. 갖는 것일까요? 아니면, 더 크게 어울리는 것일까요? • 178
4. 한국인이 추구해 온 덕이란 무엇일까요? • 179

슬기 찾기 활동 실제로 해 보기 • 183

참고 문헌 • 188

덕이란 무엇인가?

What is virtue?

❶ 나의 이야기를 하고 싶은 까닭

내 이름은 예피(살구나무, 7살, 우)예요.

두툼한 흙을 뚫고 돋아났을 때 붙인 이름이에요. 예쁘게 피어나라는 뜻에서 지어진 이름이랍니다.

그렇지만 이렇게 예쁘고 멋진 이름을 알고 있는 동물은 아마 한 마리도 없을 거예요. 7살이 된 지금까지 나를 그렇게 불러 준 동물은 본 적이 없었거든요.

딱 한 명만 빼고 말이에요. 그 아이만이 나의 이름을 알아줬고 그 이름으로 불러 줬어요.

그 아이를 뺀 다른 동물들은 나를 그냥 살구나무라고 불렀어요. 아니면 그냥 모른 척하고 지나가기 일쑤였죠.

그렇지만 말이에요. 그처럼 어처구니없는 이름이 어디 있겠어요?
그들의 눈에 비쳐진 나는 그저 한 그루의 살구나무일 뿐이었어요.
이름도 없고 얼굴도 없고 개성도 없는, 그저 그렇고 그런 살구나무,

그런 나무로 보일 뿐이었죠.

그렇기 때문에 함부로 해도 되고, 저들의 이익이 되는 일이라면 돌을 던져도 되고, 팔을 부러뜨려도 되고, 아기씨를 모두 훔쳐 가도 되고….

심지어는 그보다 더 끔찍한 짓도 서슴지 않고 해도 되는 그런 나무로 말이에요.

그러다가 결국에는….

"흐흐-흑!"

그다음 이야기는 너무 끔찍해서 말하고 싶지 않아요.

그런 짓을 저질로 놓고는 고작 한다는 말이,

"아! 시원하다. 나 몰래 내 살구를 털어갔어. 나 몰래."

라는 말뿐이었어요.

도대체 뭐가 시원한지 모르겠어요.

난 정말 아파 죽겠는데, 아프고 너무 아파 눈물이 강물처럼 쏟아져 나올 지경이었는데도 말이에요.

그다음에는,

"이젠 더 이상 못 훔쳐 가겠지."

라고 말하더니, 침을 "퉤! 퉤!" 뱉는 것이었어요. 그다음에는 씩씩거리며 어디론가 사라져 버리고 말았어요.

한 사람¹의 삶을 송두리째 뽑아 놓고는, 한 사람의 꿈을 짓밟아 놓고는 고작 한다는 말이,

"이젠 더 이상 못 훔쳐 가겠지."

라니요? 이런 어처구니없는 말이 또 어디에 있겠어요?

나를 이 모양으로 해 놓고 되돌아가는 그 동물을 잘 살펴보니 이상한 점이 있었어요. 앞발에 말이에요. 뾰족뾰족 하게 생긴 어떤 것이 붙어 있었거든요.

사실, 그것으로 당했지만 말이에요.

---

1 살구나무의 입장에서 보면 자신을 나무라고 생각하지는 않을 것이다. 살구나무라는 이름이 붙여지기 전부터 살아 있는 온갖 것들 중의 하나였을 것이다. 이 책에서는 살구나무의 입장에서 이야기를 쓰고 있기 때문에, 사람이라는 표현을 쓴 것이다. 살구나무 역시 살아 있는 것으로서의 사람이기 때문이다.

그동안 꽤 많은 동물을 만났고, 친하게 지냈던 동물도 아주 많았어요. 친하게 지내지 못했던 동물도 가끔은 있었지만, 그런 앞발을 가진 동물은 한 번도 본 적이 없었어요.

그리고 그처럼 이상하고 복잡한 말을 하는 동물도 본 적이 없었어요.

그뿐 아니라, 누구를 향해 그런 말을 하는지도, 무슨 뜻으로 말하는지도 알아듣지 못하겠더라고요.

곰곰 생각해 보면, 나의 맛좋은 살구 때문에 당한 일 같은데, 저들이 자신의 것이라 말하는 그 살구는 저들의 것이 아니었어요.

저들이 말하는 살구는 나의 것이지요.

절대로 저들의 것이 아니랍니다. 그 살구는 말이에요. 저들이 말하는 그 살구는 그동안 내가 정성을 다해 키워 온 나의 열매였어요.

내 열매였다고요. 나의 피와 땀으로 만든 나의 보람이었다고요.

그동안 쏟아부은 수고와 노력은 알아주지도 않고….

오히려 자기들의 살구라고 착각하고, 없어졌으니 누군가가 훔쳐 간 것이 분명하다는 등 터무니없는 말만 늘어놓더라고요.

난 지금도 그 동물들이 무슨 말을 하고 있었던 건지 이해를 못하겠어요. 생각하면 할수록 어이가 없더라고요.

나는 나일 뿐인데, 마치 자기들의 것처럼 말하고, 나의 살구 열매도 나의 것인데 자기들의 것처럼 여겼어요.

특히, 그 살구 열매에는 나의 소중한 아기씨가 들어 있었는데도 말이에요. 그런 나의 보물을 자기들의 것처럼 여기고, 몰래 털어 갔어요. 그것도 부족하여 뾰족뾰족한 것으로 내 몸에 깊은 상처를 냈지요. 조금씩 죽음에 이르는 상처를 말이에요.

그런 황당한 일이 또 어디에 있을까요?

자, 이제 내가 그동안 어떻게 살아왔는지 그리고 어떤 억울한 일들을 겪어 왔는지에 대해 말해 보고자 해요.

말하지 않고서는 억울해서 죽을 수도 없을 것 같아요. 그래서 얼마 남지 않은 내 목숨이 다하기 전에 말해 보려고 해요.

옛날에는 이런 일을 당하면 억울해서 죽지도 못하고 귀신이 되었다고 해요. 그래서 둘레의 많은 동물들을 힘들게 했다고 하던데, 나는 그렇게 하지는 않겠어요.

지금이 어느 시대인데 말이에요. 그리고 대한민국이란 나라는 정말 멋지고 훌륭한 나라에요.

이 세상에서 가장 멋진 나라….

그리고 그 나라에 살고 있는 어린이들은 이 세상에서 가장 멋진 사람들이고요. 가장 우수하고, 가장 사람다운 사람들이죠.

그런 까닭으로 그런 방법을 쓰지 않더라도, 내 말을 잘 들어 줄 수 있을 것으로 믿고 있어요.

나의 이야기는, 내가 몸소 겪은 이 이야기는 너무너무 억울한 이야기예요. 그렇지만 말이에요. 사실은 그런 억울함을 풀기 위해 말하려고 하는 것은 아니에요.

 솔직하게 말하자면, 나의 밑동이 거의 잘려 나간 그다음에 어떤 일이 일어났기 때문이에요.

 그래요. 맞아요. 그분 덕분에, 정말 그분 덕분에 나는 나의 꿈을 이룰 수 있었어요. 나의 마지막 꿈을….

 그러고 보면 믿지 못할 어떤 일이 일어난 것이었어요. 보잘것없는 나에게도 말이에요. 이름도 알아주는 이 없고, 얼굴도 알아주는 이 없던 나에게 말이에요.

 그 이후로는 너무도 편안해졌어요. 겉으로는 서서히 죽어 가고 있었지만, 마음은 편안하고 행복했어요. 물론 죽음에 이르는 고통도 아픔도 모두 사라졌고요.

 너무도 고맙고, 너무도 신비로운, 그런 일이 일어났지요.

 그와 같은 신비로운 체험을 직접 들려주고 싶어 말하려고 하는 것이에요.

 지루하더라도 잘 들어 줬으면 좋겠어요.

❷ 돋아난 나, 예피

  7년 전이었어요. 3월의 어느 날, 나는 어느 농가의 묘목장[1]에서 돋아났어요. 물론 그전에는 하나의 씨앗이었고요.

  씨앗인 채로 다른 씨앗들과 함께 망에 싸인 채 땅속에서 겨울을 지낸 나는 딱딱한 껍질을 깨고 뿌리를 조금씩 내밀었어요. 그날은 정말 포근한 날이었거든요.

  그런데 땅속에서 뿌리를 조심스럽게 내밀던 나는 느닷없이 땅이 파헤쳐지면서 땅밖으로 끌려 나오게 되었어요.

---

1 어린 나무를 심어 기르는 곳.

그다음에는 밭으로 옮겨졌고, 그곳에 다시 파묻히고 말았지요.

다행히도 뿌리가 아래로 내려가도록, 더욱이 부러지지 않도록 파묻혀진 덕분에 그곳의 흙에 적응하는 데 그리 큰 어려움은 없었어요.

흙 속에 있는 물과 양분을 빨아들이며 하나의 싹을 내기 위해 무척 노력했어요. 그런 노력이 결실을 맺어 마침내 어린 싹을 낼 수 있었답니다.

이번에는 좀 쉬웠어요. 뿌리를 내릴 때는 두꺼운 껍질을 뚫어야 했는데, 이번에는 전에 좀 벌려 놓은 곳을 이용하여 싹을 내밀기만 하면 됐거든요.

며칠간의 노력 끝에 나는 두툼한 흙을 뚫고 나왔어요. 밝은 세상으로 나온 것이었지요. 연두색의 어린 싹으로 말이에요.

그때는 정말 이루 말할 수 없는 기쁨과 함께 상쾌함이 밀려왔어요. 그런 상쾌함을 온몸으로 쭉 빨아들였지요.

"아! 상쾌하다."

생명으로 가득 차 있는 활기찬 공기와 맞닿았을 때의 그 상쾌함이란 말로써는 표현할 수 없는 것이었지요. 바람님이 반갑게 맞이하며 안아 준 그 기분이란 이처럼 좋은 것이었어요.

그뿐 아니라, 해님이 포근한 햇살로 한 아름 가득 품어 준 그 기분이란 정말 최고였어요.

그때의 그 느낌은 그동안 흙이 촉촉하게 감싸 줬던 것과는 또 다른 느낌이었어요. 상쾌하고 포근하고 이루 말할 수 없을 만큼 좋은 느낌이었지요.

그래요. 나는 어렵게 돋아났지만, 많은 분들로부터 축복을 받으며 돋아났어요. 흙님과 바람님, 물방울님 그리고 해님의 축복 속에서, 무한한 사랑 속에서 돋아난 것이었지요.

그러고는 다짐했어요. 예쁘게 자라나고, 피어나고, 열매를 맺기로 말이에요. 나를 축복해 준 분들의 한없는 사랑 속에서 말이죠.

이와 같은 과정을 통해 나는 이 세상에 나왔어요.

물론 추위를 견디지 못하고 얼어 죽은 친구들도 있었어요. 그렇지만 난 운이 정말 좋았어요. 튼튼하게 싹을 낼 수 있었으니까요. 더군

다나 많은 분들로부터 축복을 받으며 돋아날 수 있었으니까요.

그렇지만 그 밖의 다른 동물들은 아무도 나에게는 관심을 보이지 않았어요. 그저 당연한 것처럼 보고 갈 뿐이었죠.

온 힘을 다해 싹을 내었건만 이름조차 지어 주지 않는 것이었어요. 예쁘게 돋아났는데도 말이에요.

한참을 고민한 끝에 저는 결심했어요. 스스로 이름을 지어 보자고 말이에요.

어떤 이름이 어울릴지, 많은 고민을 해 봤어요. 어떤 말을 넣으면 좋을까 하는 생각도 해 봤고요. 오랜 고민 끝에 '예쁘다'라는 말을 이름에 꼭 넣고 싶었어요. 예쁘다는 말을 다 넣지는 못하더라도, 적어도 한 글자만이라도 넣고 싶었죠.

어떤 이름이 좋을까 이런저런 생각 끝에, 이번에는 나의 꿈을 이름 속에 넣어 보고 싶었어요.

그래서 '예쁘다'의 '예'라는 글자와 나의 꿈인 '피어나고 싶다.'라는 의미가 들어간 이름을 만들어 보았어요. 이를테면 예쁘게 피어나고 싶다는 뜻에서 '예피'라는 이름을 붙여 본 것이지요.

처음에는 좀 어색했지만 그 이름을 자꾸 불러 보니 조금씩 마음에 들기 시작했어요.

'예쁘게 피어나고 싶다.'는 나의 꿈이 고스란히 담겨 있어 그런지 부를 때마다 더욱더 마음에 드는 거 있죠?

좋았어요. 부를 때마다 정말 좋았어요.

좋은 이름이란 다 그런 것이 아닐까요? 부르면 부를수록 기분이 좋아지는 그런 이름.

나는 매일 아침 일찍 일어나 나의 이름을 부르며 하루를 시작했어요. 이름대로 예쁘게 자라나기 위해 온 힘을 다한 것이지요.

나에게는 나를 낳아 준 부모님도 분명 있었을 테지만, 이를 알려 주는 동물은 없었어요. 형제들도 많이 있었을 텐데, 역시 알려 주는 동물은 한 마리도 없었어요.

그렇지만 나는 부모님의 뜻을 이어받아 멋진 나무로 자라날 거예요. 나의 이름처럼 말이에요. 예쁘게 피어날 거예요. 아름다운 꽃으로 말이에요.

❸ 멋지게 피어나기로 마음먹었죠

하루하루를 보람 있게 살려고 노력한 1년은 별다른 일 없이 지나갔어요.

비록 하나의 줄기였지만 나는 그 줄기를 정성 들여 키웠어요. 그 덕분일까요? 키가 무척 컸지요. 1미터 이상은 된 것 같았거든요.

굵기도 물론 굵어졌어요. 연필보다 얇던 것이 이제는 초등학교 3학년 아이들의 엄지손가락 굵기 정도는 된 것 같았어요.

그러던 어느 날이었어요. 그러고 보니 두 살이 되던 3월의 어느 날, 그날도 하늘은 맑고 푸르렀지요.

햇살이 상쾌하게 와 닿는 어느 날, 나는 나의 몸이 잘려 나가는 고통을 당해야만 했어요.

땅으로 나온 부분으로 말하자면 초등학교 3학년 아이들의 한 뼘이나 두 뼘 정도는 될 것 같아요. 그 정도 부분에서 나의 몸이 싹둑 잘려 나간 것이었죠.

몸이 다 잘려 나갔을 때는 정말 아파 죽는 줄 알았어요.

그런데 그렇게 아파하는 나의 마음은 아랑곳하지도 않고, 이번에는 그 자리에 뭔가가 비집고 들어오는 게 아니겠어요? 그것도 나와 같은 종류의 나무줄기가 말이에요.

시간이 조금 지나 정신을 차려 보니 잘려 나간 그 부분에는 이상하게 생긴 다른 줄기가 붙어 있었어요. 나의 몸에 다른 나무가 키운 가지를 붙여 놓은 것이었어요.

그렇게 붙여 놓는가 싶더니 이번에는 그 부분을 무엇인가로 꽁꽁 묶는 것이었어요.

그래도 다행인 것은 물길을 비롯한 다른 부분들이 잘 들어맞았기 때문에 뿌리에서 빨아올린 물이나 양분이 그 위로도 잘 올라갈 수 있었다는 것이었죠.

처음에는 아프기도 하고 어려웠지만 말이에요. 시간이 지나면서 다행히도 아픔도 누그러지고, 순조롭게 이어졌답니다.

그래도 기분만큼은 그렇지가 않았어요.

'나의 허락도 받지 않고 제멋대로 나에게 이런 짓을 하다니!'

이런 생각이 들 때마다 기분은 좋지 않았지요.

'내가 그동안 정성 들여 키워 온 것을 내 허락도 없이 잘라 내다니….'

이런 생각이 나의 마음을 파고들 때마다 기분은 점점 더 나빠졌어요.

나를 이렇게 만든 그 동물들은 그때도 이런 말을 했던 것 같아요. 그렇게 참혹하게 잘라 내고는,

"좋은 놈으로 접[1]을 붙여 놨으니 맛있는 살구가 달릴 거야."라는

---

1   접이란 식물의 품종을 좋게 하기 위해 또는 번식을 위한 하나의 방법이다. 품종이 안 좋은 밑동에 품종이 좋은 눈(줄기)을 가져와 서로 이어 붙이는 방법인데, 그러려면 두 나무의 굵기 등이 잘 맞아야 하고, 물관이나 껍질 등도 잘 맞춰 줘야 한다.

말만 늘어놓았던 것 같아요.

지금 다시 생각해 보면 날카롭게 생긴 무엇인가를 들고 다가왔을 때 알아봤어야 하는 것이었는데, 나도 태어나서 처음 당해 보는 일이었기 때문에 그때는 그것이 그처럼 위험한 도구라는 것을 미처 알지 못했지요.

초승달보다 더 뾰족한 것이 내 몸을 후비며 들어왔는데, 순간 너무 놀라 정신을 잃고 말았거든요.

아무래도 그 이후로는 그런 흉측한 물건을 조심하자고 생각했어요.

그리고 그런 물건을 들고 다니는 이상한 동물도 조심하지 않으면 안 될 것 같았고요.

이 세상에는 본인의 허락도 받지 않고, 제멋대로 해 놓고는 좋다느니 나쁘다느니 하는 동물이 있다는 것도 그때 처음 알게 되었지요.

기분은 좋지 않았지만, 어쩔 수 없었어요.

나는 나의 몸에 붙어 있는 이 줄기를 나의 줄기로 생각하고 잘 키워 보기로 마음먹었어요.

여기에서 말해 두지만, 맛있는 살구인지 뭔지는 모르겠지만, 그랬어요. 나는 내가 키운 살구를 한 번도 맛본 적이 없었어요.

자기 자식을 잡아먹는 어미가 없는 것처럼, 나도 마찬가지였거든요. 나 역시 살아 있는 사람인 이상 나의 아기씨나 열매살을 맛볼 수는 없는 일이 아니겠어요?

이런 까닭으로 맛에 대해서는 잘 모르겠어요. 그렇지만 지나가는 동물들은 이렇게 말하는 것 같았어요. 아주 맛있다고 말이에요. 실은 그래서 알게 된 것이었지요.

그렇기 때문일까요? 그 때문에, 그 맛 때문에 엄청난 일을 당했는지도….

그렇지만 이때만 해도 나는 정말 몰랐어요. 이 맛이 불러올 쓰디쓴 불행을 전혀 예측할 수 없었어요.

이 일도 솔직히 말하자면, 일방적으로 당하기만 한 일이었지만…, 나중에 그로 인해 더 큰 불행을 맞이하게 될 줄 알았더라면, 가만히 있지만은 않았을 거예요.

물론 이런 식으로 말한다면 태어나고 싶어서 태어난 것도 아니었지만 말이에요. 지금에 와서 생각해 보면 그랬어요. 정말로 내가 원해서 태어난 것은 아니었거든요.

그렇지 않을까요? 태어나고 싶어서 태어나는 사람은 한 명도 없을 거예요. 그런 점에 있어서는 나도 마찬가지였지요.

그렇다고 하더라도 이 세상에 태어난 이상, 난 것을 고맙게 여기면서 멋지고 사람답게 살아 보고 싶었어요.

그래서 예쁘게 피어나고 싶었어요. 나의 이름처럼 말이에요.

# 4 처음으로 피운 꽃

그래도 그런 끔찍한 봉변을 한 차례 당한 것만 빼고는 별다른 일은 일어나지 않았어요.

그리고 다시 또 1년이 지나갔어요. 3살이 된 것이지요.

나는 나의 새로운 줄기를 잘 가꾼 덕분에 무럭무럭 자라났어요. 줄기도 더 뻗었고요. 이전까지는 하나의 줄기였는데, 그 줄기에서 가지를 몇 개 더 뻗었어요. 그 덕분에 좀 더 나무다운 나무로 자라났답니다.

예쁘게 피어나는 것이 나의 꿈이었기 때문에 올해에는 꼭 예쁜 꽃을 피워 보고 싶었어요.

나는 3월의 햇살을 한껏 받았어요. 뿌리를 통해서는 물과 양분을 듬뿍 빨아들였고요. 그런 다음 꽃눈을 만들어 나갔어요.

하나둘씩 꽃눈을 만들기 위해 온 힘을 다했어요.

꽃눈을 만들고 그 눈을 조금씩 키워 가는 방식으로 꽃다운 꽃을

만들어 나갔어요. 붉은빛의 색소도 넣고 또 넣었지요.

그런 노력의 결과, 4월에는 다섯 송이의 꽃을 피울 수 있었어요. 예뻤어요. 얼마나 예쁜 꽃이었는지 몰라요.

이 꽃들은 내가 이 세상에 나와 처음으로 피워 보는 꽃이었지요. 그래서 그런지, 더욱더 예쁘게 보이는 거 있죠?

그리고 얼마나 기뻤는지 모르겠어요. 그 기쁨이란 꽃을 피워 보지 못한 동물들은 아마 모를 거예요.

처음에는 붉은색처럼 보였는데, 정작 피어난 꽃은 연한 분홍색의 꽃이었어요. 처음 나올 때는 짙은 분홍색이던 것이, 점점 더 커지면서 연한 분홍색이 되었지요. 둥글둥글한 꽃잎도 다섯 장이나 붙어 있었어요.

그 꽃을 받치고 있는 다섯 개의 꽃받침은 아주 붉은색이었어요. 그런 꽃받침으로 받쳐 주고 있었기 때문에 정말로 우아하고 멋진 꽃으로 피어날 수 있었지요.

나도 처음에는 이처럼 예쁜 꽃이 필 줄은 몰랐어요. 어느 정도는 짐작하고 있었지만 말이에요. 이 정도일 줄은 꿈에도 몰랐거든요.

주책인지는 모르겠지만 나는 한동안 나의 꽃들을 넋을 잃고 바라보곤 했어요. 그만큼 예쁘게 피어난 것이었지요.

'나의 몸을 감싸고 있는 껍질이 붉은색이라 꽃도 붉은색이나 분홍색이지 않을까?'

한때는 설레는 마음으로 이런 기대를 해 본 적도 있었어요.

그런데 정말 바라는 대로, 노력한 대로 이루어졌지 뭐예요? 나의 바람을 누군가가 들어준 것 같아 기분이 더욱더 상쾌하고 좋았어요.

내가 피운 꽃을 보기 위해 나비도 날아왔고, 벌도 날아왔어요. 그렇게 날아온 나비와 벌은 나의 예쁜 꽃에 앉아 놀기도 했고 재미있는 이야기도 들려줬어요. 다른 곳에서 들었던 재미있는 이야기들을 말이에요.

그들의 이야기를 다 들어 준 다음, 나의 이름이 '예피'라고 말해 줬더니 같이 놀고 있던 나비가 깜짝 놀라는 것이었어요. 그러더니 감탄하듯 말했어요.

"넌, 참 예쁜 이름이 있구나!"

그 이름을 지을 때는 좀 힘들었지만, 칭찬을 받고 보니 기분이 좋았어요. 그때의 그 어려움이 한꺼번에 사라지는 그런 느낌도 들었고요.

"예쁘지?"

나는 신이 나서 되물었어요.

"그래. 참 예뻐. 누가 지어 준 거야?"

나비는 부럽기도 하고 호기심이 생겨 그러는지는 모르겠지만, 이렇게 물어보는 것이었어요.

"아무도 지어 주는 동물이 없어서 내가 생각하고 또 생각한 끝에 지은 거야."

"부럽다. 부러워. 나에게는 그런 이름이 없는데…."

자신에게 어울리는 이름이 없던 나비는 아쉬운 표정을 지어 보였어요.

 같이 놀면서 내가 준 꿀을 잔뜩 먹은 나비는 고맙다는 말을 하면서 저 높은 하늘로 날아갔어요. 물론 그 나비 덕분에 나는 가루받이를 할 수 있었고, 아기씨도 만들 수 있었지요.

 아기씨가 조금씩 자라나자 그 덕분에 나는 또 더 큰 꿈을 꿀 수 있게 되었어요. 이를테면 멋진 열매를 맺어야겠다는 꿈을 꿀 수 있게 된 것이었지요.

❺ 허무하게 꺾인 꽃송이

나는 나비나 벌이 다시 또 놀러오기만을 기다렸어요. 예쁜 꽃을 더욱더 예쁘게 피우면서 말이에요.

그런데 바로 그때였어요. 왠지 무서운 동물이 나타났어요. 그 동물은 지난번처럼 두 발로 걷고 있었어요. 혹시나 초승달처럼 생긴 것을 갖고 있는지 살펴봤더니, 다행히도 그런 것은 없었어요.

다소 안심은 되었어요. 그렇지만 그 동물은 나의 꽃을 보더니 시무룩한 표정을 짓는 것이 아니겠어요?

'왜 예쁘다고 하지 않는 것일까?'

반응이 좀 이상하다고 느낀 바로 그 순간, 나는 움찔했어요. 온몸이 부르르 떨려 왔거든요.

'아! 위험하다. 위험해!'

나는 이렇게 직감했어요. 그 동물의 앞발에는 아무것도 없었지만 왠지 모르게 느낌은 오싹했거든요.

그전에도 꼭 이런 느낌이었어요. 나의 몸을 잘라 내고 다른 줄기를 갖다 붙였을 때 말이에요.

이루 말할 수 없는 두려움을 느끼며 난 온 힘을 다해 외쳤어요.

"오지 마! 저리 가!"

그렇지만 그 동물에게는 처절한 나의 외침이 들리지 않는 것 같았어요.

그 동물은 앞발을 들더니 그만 나의 꽃을 따 버리고 말았어요.

앞발로, 두툼하게 생긴 뭔가를 낀 앞발로 나의 꽃을 비틀어 버리는 것이었어요. 한 송이를 그런 식으로 따 버리더니 다시 또 한 송이를 따려고 하는 게 아니겠어요?

"안 돼!

나의 소중한 꽃이라고. 나의 소중한 꽃…."

나는 또 이렇게 외쳤어요.

그렇지만 아무리 목청껏 외쳐 대도 들리지 않는 모양이에요. 그 동물은 인정사정 볼 것 없이 나의 소중한 꽃을 따고 또 따 냈어요.

이런 식으로 그 동물은 마지막 남은 한 송이마저 아무렇지도 않다는 표정으로 떼어 내는 것이었죠.

땅으로 내팽개쳐진 나의 꽃들은 수분이 끊긴 탓인지 금세 시들어

갔고, 아름다움도 하늘거리며 어디론가 사라지고 말았답니다.

그다음에는 목마름에 지친 꽃잎이, 조금 더 지나서는 튼튼하던 꽃받침도 조금씩 흐늘흐늘해지는 것이었어요.

아주 조금씩 생기를 잃어 가는 꽃잎과 그 속에 고이 간직되어 있던 생명력이 조금씩 시들어 가는 나의 아기씨를 보면서 눈물을 흘리고 있는데, 이런 말이 들려왔어요.

"이런 것도 다 너를 위한 것이란다."

잘 들어 보니 이 말은 나의 꽃을 꺾어 버린 그 동물이 내는 소리인 것 같았어요.

'나를 위한 것이라고?

속상한 것에 대해 위로는커녕 그저 한다는 말이 나를 위한 것이라고, 나를….'

나는 정말 기가 막혀 할 말을 잊었어요.

'나의 꿈을 꺾어 놓고는.

아무렇지도 않다는 듯 뻔뻔스런 표정으로 꺾어 놓고는.'

그렇지만 어쩔 수 없는 일이었지요. 움직일 힘이 없는 나로서는, 도망칠 방법이 없는 나로서는 말이에요.

몹시 끔찍하게 떨어져 나간 나의 꽃송이처럼 나의 꿈도, 나의 더 큰 꿈도 그렇게 떨어져 나간 것이었지요.

한참을 슬픔에 잠겨 울고 있는데, 그때 마침 나비가 찾아왔어요.

나비는 실망스런 표정으로,
"예피야! 너의 아름다운 꽃은 다 어딜 갔니?"
라고 물어보았어요.

"나도 몰라. 두 발로 서서 다니는 동물에게 당했어."

"그렇구나! 정말 안됐네."

사정을 전해 들은 나비는 이런 말을 하며 정말 안타깝다는 표정을 짓는 것이었어요. 그리고 나를 한참 위로한 다음 다른 곳으로 날아갔지요.

다음에는 벌이 날아왔어요. 벌도 처음에는 실망한 표정을 지었지요. 그렇지만 사연을 다 듣고 나서는 나를 위로한 다음 다른 곳으로 날아갔답니다.

나비와 벌의 위로를 받은 나는 힘을 내기로 했어요.

꽃을 잃은 대신 다른 곳을 좀 더 튼튼하게 키우기로 마음을 정한 것이었지요.

⑥ 좀 더 튼튼하게 키워야지

 나는 줄기와 뿌리를 더 튼튼하게 키우기 위해 잎눈을 냈어요. 연두색의 잎을 내려고 하는데, 이것은 또 웬일일까요?
 "후드득! 후드득!"
 잘 들어 보니 이런 소리가 나는 것이었어요.
 '두 발로 걷는 동물이 또 온 것은 아닐까?'
 지레짐작에 겁부터 났어요. 그렇지만 잘 들어 보니 그런 것은 아니었어요. 무엇인가가 하늘에서 떨어지고 있었거든요. 바로 물방울님이었어요.
 "후드득! 후드득!"
 나는 오랜만에 물방울님의 소리에 이끌려 아래쪽을 내려다보았어요.

그랬더니, 빗방울은 땅으로 떨어지며 더 작은 물방울로 쪼개지면서 사방으로 튕겨져 나가는 것이었어요.

그리고 보니 그렇게 튕겨져 나가는 작디작은 물방울들을 바라보고 있는 것이 또 있었어요. 그것은 나의 둘레에 피어 있는 꽃들이었지요.

가만히 둘러보니 민들레꽃도 피어 있었고, 냉이 꽃도 있었어요. 바랭이도 줄기와 잎을 길쭉하게 내밀고 있었어요. 망초도 있었고, 그 옆에는 명아주도 있었지요.

시간이 좀 지나자, 세차게 내리던 굵은 빗방울도 가물가물해지는가 싶더니 어느새 그치고 말았어요.

그런데 정말 누군가가 이쪽으로 다가오는 게 아니겠어요? 이번에는 두 발로 걸어오는 것은 아니었지만, 왠지 모르게 무시무시한 기운이 느껴졌어요.

조마조마한 마음으로 소리 나는 쪽을 살펴보니, 갈고리처럼 생긴 앞발로 흙을 벅벅 긁는 것이었어요.

그러더니 내 아래쪽에 있던 바랭이가 뽑혀 나갔어요. 바랭이는 결국 뿌리를 하늘로 향한 채 나동그라지고 말았지요. 줄기도 몇 군데 잘려 나갔고요.

그다음에는 냉이도 뽑혀 나갔고, 민들레꽃도 뽑혀 나가더니 망초도 뽑혀 나갔지요. 이처럼 내 둘레에 있던 꽃들이 하나둘씩 뽑혀 나가는 것이었어요.

그처럼 못된 짓을 하면서 그 동물은 내가 있는 곳으로 좀 더 가까이 다가왔지요. 땅을 파헤치면서 슬금슬금 다가왔어요. 바로 앞까지 말이에요.

날카로운 무엇인가가 나의 뿌리에 닿는 느낌이 들었어요. 온몸이 움찔하는 가운데 나는 나도 모르게,

"안 돼! 오지 마!"

라고 외치고 있었어요. 눈을 꼭 감은 채 말이에요.

'어떡하지? 어떡해!

나도 저렇게 뽑혀 나가면 어떡하지?'

마음을 졸이며 덜덜덜 떨고 있는데, 다행히도 나에게는 아무런 일도 일어나지 않았어요.

'어찌 된 일일까?'

가까스로 실눈을 뜬 채 주변을 둘러봐도 나에게 만큼은 정말로 아무런 일도 일어나지 않는 것이었어요.

"휴! 다행이다."

안도의 한숨을 쉬고 있는데, 이번에는 뿌리 부분이 흙으로 덮이는 게 아니겠어요? 덮이고 또 덮였어요.

다행이었어요. 빗방울로 흙이 아래쪽으로 떠내려갔는데, 다시 두툼하게 덮이게 되었기 때문에 좋았어요.

죽을 고비를 넘겨 그런지 슬그머니 이런 생각도 드는 것이었어요.

'두 발로 걷는 동물도 여러 종류가 있구나!

도움이 되는 때도 있네. 도움이….'

나는 이때 처음으로 두 발로 걷는 동물들 중에도 좋은 동물이 있다는 것을 알게 되었지요.

'다 나쁜 것은 아니네.'

그 덕분에 나는 여름을 잘 보낼 수 있었답니다.

큰 비가 내렸지만 두툼하게 덮인 흙 덕분에 뿌리는 안전했거든요. 빗물에 흙이 쓸리고 떠내려가기도 했지만 그래도 뿌리가 공기 중으로 드러나는 일은 없었지요.

여름에는 잎을 잔뜩 내밀어 햇빛을 한껏 받았어요. 뿌리에서는 물과 양분을 많이 빨아들여 몸과 마음을 튼튼하게 키웠지요.

두툼한 흙으로 스며든 물방울을 빨아들였기 때문에 햇볕이 쨍쨍 내리쬐는 한여름에도 나는 더위를 먹지 않고 잘 자라날 수 있었어요.

나뭇잎 사이로 불어오는 바람 덕분에 나는 줄기와 가지를 튼튼하게 키울 수 있었어요. 아무리 세찬 바람이 불어와도 넘어지지 않을 만큼 튼튼하게 말이에요.

그 덕분에 나는 겨울에도, 아주 추운 겨울에도 잘 지냈어요. 얼어 죽은 친구들도 있었지만, 튼튼하게 자라난 덕분에 그런 추위도 잘 견뎌 낼 수 있었거든요.

❼ 어디론가 옮겨졌어요

다시 또 한 해가 지나갔어요. 4살이 된 것이지요.

온몸에 힘이 솟았어요. 올해에는 더 예쁘게 피어날 수 있을 것 같았어요. 튼튼하게 자라난 나는 예쁜 꽃뿐만 아니라 아기씨도 잘 키워 낼 수 있을 것 같았지요.

나는 이번에도 분홍색 꿈을 꾸며 꽃눈을 낼 준비를 했어요. 3월의 햇살을 한껏 받으면 받을수록 나의 꿈도 그와 함께 점점 더 부풀어 올랐어요.

큰 꿈을 가득 안고 행복한 마음에 뿌리 쪽에서 자라나고 있는 민들레를 보니 인사를 하고 싶어졌어요.

나는 웃으며,

"안녕! 민들레야. 난 예피야."

라고 인사를 해 보았죠.

그런데 그때였어요.

누군가가 이쪽으로 다가오는 소리가 났어요. 그러고 보니 두 발로 걷는 동물이었어요. 자세히 보니 앞발에는 길쭉하게 생긴 어떤 것이 달려 있었지요.

그것을 본 순간, 나는 또 겁이 덜컥 났어요.

'아니야! 아니야! 아닐 거야. 나는 아닐 거라고…, 작년에도 그랬잖아. 작년에도….'

쿵쿵 뛰는 가슴을 가까스로 진정시키며 작년 이맘때의 일을 생각해 봤어요.

'그때도 나에게 오는 줄 알았는데, 그게 아니었잖아. 민들레, 명아주, 냉이 따위의 풀들이 뽑혀 나간 거였잖아.

그러니 오늘도 분명 그럴 거야.

오늘도 그 애들을 뽑으러 온 걸 거야. 불쌍하게 되었지만, 그런 애들을….'

오돌오돌 떨면서 나는 민들레를 바라보고 있었어요. 불쌍하다는 생각을 하면서 말이에요.

그렇지만 좀 이상했어요. 민들레를 다 파냈는데도, 그만둘 생각을 하지 않는 것이었어요.

'아니야! 이건…. 이건 아니라고!'

울부짖고 싶었어요.

깜짝 놀란 가슴을 부여잡고 도망치고 싶은데, 뿌리가 땅에 박혀 있어 그럴 수도 없었어요.

어떤 동물은 길쭉하고 끝이 넓고 평평하게 생긴 이상한 발로 나의 뿌리 둘레를 계속해서 파내는 것이었어요. 또 다른 동물은 뾰족하게 생긴 어떤 것을 들고는 뿌리 옆을 내리찍기도 했어요. 양쪽으로 난 날이 푸른 하늘에서 빛이 날 때마다 나의 몸은 움찔했어요.

둘레의 흙이 파내지고 여리고 여린 나의 뿌리가 드러나고 끊어질 때는 너무 무서워 빨리 도망치고 싶었지요. 그렇지만 그럴 수가 없었

어요.

 땅에 뿌리를 내리고 사는 것이 이렇게 힘든 일인 줄은 미처 몰랐어요. 위험이 닥쳐오더라도 고스란히 당해야만 했으니까요.

 하는 수 없이 나는,

 "내가 아니라고, 내가 아니라고…."

 라고, 있는 힘껏 소리 내어 외쳐 봤어요.

 그렇지만 그 말도 통하지 않는 것 같았어요.

 그 동물들은 뿌리 둘레의 흙을 다 파낸 다음, 뿌리에서 그 흙이 떨어지지 않도록 고무줄 같은 것으로 꽁꽁 묶었답니다.

그러더니 이상하게 생긴 것에 나를 올려놓았어요. 그다음에는 어디론가 달려가는 것이었어요. 멀리, 아주 멀리 말이에요.

그렇게 빨리 움직이는 것은 처음 봤어요. 부릉부릉 하면서 덜덜덜 하더니 쏜살같이 달렸어요. 가을이면 내 둘레를 날아다니던 잠자리의 속도보다 더 빠른 속도로 달려가는 거 있죠?

너무도 빨라 그런지 정신이 하나도 없었어요. 어지럽기도 하고 눈도 살살 감기는 것이었어요.

그래도 정신을 차려 둘레를 살펴보니 나 말고도 나처럼 생긴 것이 둘이나 더 있었어요. 어디인지는 모르겠지만 다른 곳으로 가는 것만큼은 틀림없었어요.

어디론가 실려 가는 일도 원치 않는 일이었지만, 그저 당할 수밖에 없었지요. 세상은 왜 그런지 모르겠어요.

그 동물들은 왜 나를 그렇게 자기들 마음대로 하는 걸까요? 나의 뜻은 물어보지도 않고 말이에요. 자기들 마음대로 정해 놓고 마음대로 행동하고…. 이해를 못하겠어요.

이 일도 나는 원치 않는 일이었지만 이렇게 된 이상 이제는 어쩔 수 없는 일이 되고 말았어요.

쨍쨍 내리쬐는 햇빛에 뿌리도 잎도 조금씩 말라 갔어요. 그 때문인지 나는 내 꿈도 잊어버린 채 될 대로 되라는 식이 되고 말았지요.

그다음은 어떻게 되었는지 기억이 나지 않아요. 한동안 목이 너무 말랐기 때문인지, 아니면 너무 햇살이 따가웠기 때문인지, 나는 그만 정신을 잃고 말았거든요.

그리고 이것 또한 나중에 안 일이었지만 나는 그때 다른 곳으로 팔려 가던 중이었다고 하네요.

나의 주인은 나인데, 주인인 나에게는 한마디 말도 없이…. 비밀리에 나를 다른 곳으로 팔아넘기다니…. 도저히 이해할 수 없는 일이었지요.

우리들이 살고 있는 세계에서는 그런 일이란 절대로 있을 수 없는 일이었거든요.

한없이 평화로운 세계에서 나의 주인은 나밖에 없고, 나의 꿈을 마음껏 키워 나가는 것밖에 없었지요.

누군가의 소중한 꿈을 꺾어 버리고 자신들이 원하는 삶을 살도록 강요하는 그런 일은 결코 있을 수 없는 일이었어요.

그런 못된 짓을 하면서도 그들은,

"이것도 다 너를 위한 일이야."

라고 말했어요. 지난번처럼 말이에요.

이번에도 나는 무턱대고 꽃을 따 냈을 때처럼 당하고 말았지요.

이와 같이 그럴듯한 말로 나를 위해 주는 척하면서 말이에요. 실제로는 그렇지도 않았으면서 말이죠.

8 이 작은 동물은 무슨 동물일까?

정신을 차려 보니 나는 어느 건물 앞의 화단에 심어져 있었어요.

둘레를 살펴보니 큰 건물이 몇 개 있더라고요.

그리고 그 앞에는 엄청나게 넓은 밭과 같은 것이 있었는데, 가만히 살펴보니 밭은 아닌 것 같았어요.

곡식이 심겨 있는 것도 아니었고, 그렇다고 풀이나 꽃이 있는 것도 아니었지요. 이렇게 넓으면서도 아무것도 없는 밭은 처음 봤어요.

내가 심겨 있는 곳의 아래를 둘러보니 많은 풀들이 있었어요. 잘 살펴보니 민들레도 있었어요.

잘 알 수는 없었지만 개나리도 있었고, 장미꽃도 있었고, 붓꽃도 있었고….

그러고 보니 이곳은 온통 꽃들이나 꽃나무들로 뒤덮여 있는 것이었어요.

확실하지는 않았지만 앵두나무도 있었고 향나무도 있었고 나리꽃도 있는 것 같았어요. 소나무도 있었고요. 물론 이런 이름들도 나중에 알게 된 것이었지만 말이에요.

또한 이곳이 화단이라는 것도 알게 되었어요. 처음에는 넓은 밭인 줄 알았던 그곳이 운동장이라는 것도 알게 되었지요.

얼마쯤 지나자 나는 다시 건강을 완전히 회복했고, 튼튼한 줄기와 가지에 다시 또 꽃을 피울 준비를 했어요.

새롭게 옮겨진 곳에서 다시 또 꽃을 피울 수 있을지는 의문이었지만, 그래도 나는 온 힘을 다해 꽃을 피워 보기로 했어요.

우선은 살아 있다는 것에 고마워하지 않을 수 없었어요. 나의 꿈을 이룰 기회를 다시 얻었기 때문이었지요.

그리고 그런 뜻에서 한 송이의 꽃일망정 꽃을 피워 보기로 마음먹었던 것이었지요.

그러면서도 다른 한편으로는 새로운 땅과 기후에서 적응하려는 노력을 게을리하지 않았어요. 한 송이라도 꽃을 피우려면 튼튼하게 자라나야 했으니까요.

열심히 하지 않을 수 없었어요. 게으름을 피울 시간이 없었지요. 예쁘게 피어날 나의 꿈을 생각하면 노력하지 않을 수 없었고 힘도 절로 솟아났지요.

그렇게 바쁘게 지내던 어느 날이었어요.

누군가가 다가오더니 나의 몸에 목걸이처럼 생긴 어떤 것을 걸어 놓는 것이었어요.

지금까지 나는 글자를 배운 적이 없었기 때문에 무슨 내용이 쓰여 있는지는 알 길이 없었지요.

그렇지만 두 발로 걸어 다니는 동물들이 하는 말을 가만히 들어 보면, 살구나무라고 하는 것 같았어요.

그리고 여기에는 이상하게도 두 발로 걷는 동물들이 아주 많았어요. 많기는 많았는데, 왜 그렇게 키가 작은 것일까요?

그전에 살았던 곳에서는 아주 컸고, 그 수는 얼마 되지 않았지만, 아주 무서웠거든요.

그런데 여기는 좀 달랐어요. 아주 작았고, 그 수도 많았어요. 그렇지만 무섭지는 않은 것 같았어요. 물론 작은 동물들은 말이에요. 키가 큰 동물들은 어떨지 모르겠지만요.

아! 그리고 또 있었군요.

그 작은 동물들은 왜 자꾸 나를 들여다보며 아는 척을 하려고 하는지, 아무리 생각해 봐도 그것만큼은 알 길이 없었어요.

'나의 친구'라는 둥, '잘 지내보자.'라는 둥, '너의 꿈은 뭐야?'라는 둥, 일방적으로 많은 말을 걸었지요. 그런가 하면 보고 또 보면서도, '딩동댕동' 하는 노랫소리가 들리는가 싶으면 한꺼번에 또 어디론가 가 버리는 것이었어요.

그뿐이 아니었어요. 어떤 때는 귀를 기울여 들어 보기도 하고, 청진기라나 뭐라나 하는 것으로 대보았지요. 또 어떤 때는….

"찰칵!"

이와 같은 소리를 내는 것도 있었는데, 그 소리를 처음 들었을 때는 아주 기절초풍하는 줄 알았어요.

나에게 또 어떤 몹쓸 짓을 하려는 것은 아닌가 하는 마음에 정말 많은 걱정을 했는데, 다행스럽게도 그런 것은 아니었어요. 천만다행이라 하지 않을 수 없었지요.

그렇지만 이해가 되지 않는 것도 있었어요. 아무리 시간이 지나도 말이에요. 왜 나를 살구나무라고 하는지 그 이유는 정말 모르겠더라고요.

나의 이름은 예피였는데 말이에요.

"난, 예피야. 살구나무가 아니라고."

내 이름을 알려 주기 위해 이런 말을 몇 번이나 했는지 모르겠어요.

"아니야! 아니라고!

살구나무는 맞지만 그렇다고 그것이 나의 이름은 아니야. 내 이름은 따로 있어. 따로 있다고!"

애끓는 마음으로 이런 말을 하더라도 그 동물들은 들으려 하지 않았어요.

"예피라고 하는 멋진 이름이 있다고!"

이런 식으로 아무리 말을 하더라도 그 동물들은, 작고 귀여운 그 동물들은 알아듣지도 못했고 이해도 못하는 것처럼 보였어요.

그랬어요. 맞아요. 맞아. 아예 처음부터 이해하려고 하지 않는 것처럼 보였어요.

'나무 주제에…. 이름이나 있겠어?'

라는 생각으로 깔보면서 말이에요.

남들이 알아주지 않더라도 난 나의 이름처럼 예쁘게 피어나고 싶었어요. 예쁘게 피어나기 위해 새로운 환경에서 열심히 노력했지요.

그런 노력 끝에 나는 마침내 4월의 포근한 햇살로 꽃눈을 만들었답니다. 예쁘게 피어날 수 있도록 말이에요.

두툼한 흙 속에서 물과 양분을 한껏 빨아들인 다음 튼튼한 줄기 속에서 꽃눈을 만들고, 꽃받침도 만들어 나간 것이었지요.

그 어린 꽃과 함께 나의 꿈도 다시 또 자라나기 시작했어요.

 ⑨ 아이들도 몰려왔어요

4월인 것 같았어요.

나는 붉은색의 꽃받침을 활짝 열어젖힌 다음, 다섯 장의 연분홍 꽃잎을 내밀었어요. 조심스럽게, 아주 조심스럽게 작은 꽃잎을 살짝 내민 것이었지요.

처음에는 아주 작은 붉은색의 꽃잎이었지만 점점 더 커지면서 분홍색의 둥근 꽃잎이 되었고, 더 활짝 피면서 더 넓어졌어요.

물론 나의 꿈도 그만큼 더 넓어졌고요. 꽃도 활짝 피고 나의 꿈도 활짝 피어났어요. 얼마나 기쁘고 행복했는지 몰라요.

그런 행복에 묻혀 지내던 어느 날, 벌과 나비들이 날아왔어요. 이번에도 나의 꽃을 보러 날아온 것이었지요. 벌들이 윙윙 거리면서 나의 예쁜 꽃잎에 앉아 놀기 시작했어요. 나비들도 그랬어요.

그러면서 이곳이 어디인지, 이곳에 있는 꽃들이 무엇인지에 대해서도 말해 줬어요.

그리고 보면 이곳이 푸른솔초등학교라는 것도 그 벌과 나비를 통해 알게 된 것이었지요.

그리고 이 학교에는 '나의 꽃, 나의 나무'라는 교육 프로그램이 있는데, 그 때문에 아이들이 많이 몰려올지도 모른다고 말하는 것이었어요. 나처럼 예쁜 꽃이나 탐스러운 열매를 맺는 나무에는 특히 많이 몰려온다고 말이에요.

그리고 보니 그랬어요.

두 발로 걸어 다니는 동물들이 어떤 동물인지 도통 몰랐는데, 그 동물이 '사람'이라는 이름의 동물이라는 것도 실은 그때 알게 되었답니다.

그동안 두 발로 걸어 다니는 동물이 어떤 동물인지 몹시 궁금했는데, 알게 되니 좋았어요. 시원했어요. 궁금증은 이렇게 하여 풀린 것이었지요.

그리고 키가 작은 사람을 '아이'라고 부른다는 것도 알게 되었고요. 그런 아이를 어떤 때는 '어린이'라고도 하는 것 같았어요.

그렇지만 이 두 낱말이 어떻게 같고, 어떻게 다른지는 알 길이 없었어요.[1]

어떤 때는 '아이'라고 했다가 어떤 때는 '어린이'라고 불러 좀 헷갈리기는 했지만 어쩌겠어요? 그렇게 제멋대로 부르는데, 그런 줄 알아야지요.

분명 서로 다른 점이 있기는 한 것 같았는데, 그것이 뭔지는 모르겠지만 말이에요. 그냥 그러려니 하고 듣고 있는 수밖에요.

몇 송이 되지는 않았지만 꽃이 활짝 피자 벌과 나비들만 찾아오는

---

[1] 대체로 '아이'는 나이가 어린 사람을, '어린이'는 4~5세부터 초등학생까지의 아이를 말하지만, 아동보호법이나 UN 인권협약에 따르면(법마다 규정이 좀 다르다), 모두 18세 미만인 자를 말한다.

    그러나 그 낱말의 짜임을 분석해 보면, 아이는 '아ㅎ+의(이)'로서 '아ᄉ', 즉 '앗다(=가지다)'에 바탕을 두고 있고, 어린이는 '어리(다)+ㄴ+이'로서 '어리다(=단단하게 굳어지다)'에 바탕을 두고 있다. 아이가 '부모의 유전적 형질을 그대로 갖고 태어난 사람'이란 속뜻을 갖는다면, 어린이는 '몸과 마음이 단단하게 여물어 가는 과정에 있는 사람'이란 속뜻을 갖는다.

    아이란 말에 태아교육과 유아교육의 중요성이 담겨 있다면 어린이에는 교육 환경의 중요성이 담겨 있다. 그러므로 몸과 마음이 잘 여물 수 있도록 부모나 교사, 국가가 좋은 교육 환경을 만들어 주는 것은 매우 중요하다. 그렇지만 무엇보다 중요한 것은 어린이 본인이다. 스스로 하려는 의지를 갖고 자신을 아름답게 가꾸어 가도록 늘 힘써야 할 것이다.

것은 아니었어요.

　아이들도 한두 명씩 찾아오더니 이제는 다섯 명이나 열 명씩 떼로 몰려오는 것이었어요. 우르르 몰려오면서 '친구가 되고 싶다.'는 둥, '이름을 지어 주겠다.'는 둥, '사진을 같이 찍자.'는 둥의 말들을 또 늘어놓지 뭐예요?

　이 아이들도 그랬어요. 그 이전의 아이들과 다를 바가 없었어요. 마음대로 와서는 마음대로 이름을 지어 놓고는 또 마음대로 불러 대는 것이었어요.

　나는 가만히 있었어요. 나에게 어떤 해를 끼치는 것은 아니었으니까요.

　"나의 이름은 예피에요. 예피라고 불러 주세요."

　아무리 외쳐 본들 이 아이들 또한 알아듣지 못했고 이해도 못하는 것 같았거든요.

　'이름이나 있겠어?'

　늘 이런 식이었죠.

　꽃이 다 지고 떨어진 자리에는 아주 작은 아기씨가 자라나고 있었어요. 나는 그것을 딱딱한 속껍데기와 연두색의 열매살로 보호하며 정성껏 키워 나갔어요.

　이번에는 그래도 좀 나았어요. 작년에는 꽃을 피우고 아기씨를 키우려는 순간 꺾이고 말았는데, 올해는 다행히도 그런 위기를 무사히 넘겼거든요.

나는 줄기와 가지에 초록색의 어린잎을 냈어요. 햇빛을 받으려면 그것이 제일 좋은 방법이었고, 햇빛을 듬뿍 받아야 필요한 힘을 많이많이 만들어 낼 수 있었거든요.

나는 또 뿌리를 더 넓은 곳으로, 더 깊은 곳으로 뻗어 나갔어요. 물과 양분을 많이 빨아올리려면 그 방법이 제일 좋았거든요.

많은 양분과 햇빛으로 자라난 잎에서 많은 힘을 만들어 냈고, 그 힘으로 아기씨를 점점 더 키워 나갔어요.

연두색으로 보호하고 있던 열매살도 어느새 붉고 노란색으로 바뀌어 갔죠.

아기씨를 보호하기 위해서는 열매살만으로는 되지 않을 것 같았어요. 그래서 그 안에 있는 껍데기도 더욱더 단단해지도록 힘썼어요. 이처럼 두 겹으로 감싸 안전하게 키워 나가지 않으면 안 되었지요.

왜냐하면 열매살은 덤으로 주는 한이 있더라도 아기씨만큼은 함부로 내줄 수 없는 일이었거든요.

이와 같은 의도에서 나는 나의 아기씨를 딱딱한 껍데기로 보호하려 했던 것이었고, 그 껍데기를 다시 또 맛 좋은 열매살로 감싸 보호하려 했던 것이었지요.

단단하게 보호한 덕분에 별일 없이 5월이 지나갔고 6월이 되었어요. 줄기와 가지에서는 잎이 무성하게 자라났답니다.

아기씨도 제법 많이 자라났어요. 자라나면 자라날수록 열매살도 연두색에서 초록색으로, 그다음은 맑고 투명한 연주황색으로 익어 갔어요.

⑩ 탐스럽게 열린 나의 첫 열매

열매살이 먹음직스럽게 익어 갈 무렵이었어요.

아이들이 다시 또 몰려들기 시작했지요. 아이들은 자신이 지어 놓은 이름을 제각각 부르며 사진을 찍기도 했고, 감탄하기도 했어요.

"어쩜, 저렇게 멋진 열매가 달릴 수 있을까?"

이런 말을 하며 한동안 넋을 잃고 바라보는 아이들도 있었어요. 비록 아기씨를 서너 개밖에 만들지는 못했지만, 그래도 행복했답니다.

나의 꿈을 이룰 수 있어 좋았거든요. 더욱이 튼튼하게 열매를 맺을 수 있었기 때문에 행복했어요.

그 무렵에는 아이들만 오는 것은 아니었어요. 벌레들도 왔어요. 애벌레들 말이에요.

어떤 벌레들은 잎을 갉아 먹었어요. 그렇지만 그 벌레들에게는 기쁜 마음으로 내 잎을 내어 주기로 했어요. 왜냐하면 그 애벌레들은 나를 도와준 나비가 낳은 알에서 나왔기 때문이었지요.

나비가 아니었다면 그렇게 재미있게 놀지 못했을 테고, 이렇게 멋진 열매도 맺지 못했을 테니까요.

또 어떤 때는 나의 열매살을 파먹기 위해 오는 벌레들도 있었어요. 그렇지만 그 벌레들에게도 한두 알쯤은 기꺼이 내주기로 했어요. 그들도 먹고 살아야 되잖아요.

'내년에는 나비가 되어 다시 올 것이고, 그러면 나의 꿈을 더 크게 이루어 줄 수 있을 거야.'

이와 같은 생각을 하고 있으려니 기쁘기만 했어요.

그때였어요.

누군가가 나를 향해 다가오고 있는 것이 보였어요. 두 발로 걸어오고 있었어요. 그런데 아이들은 아닌 것 같았어요. 몸집이 좀 컸거든요.

전에 밭에 있을 때 보았던 그런 사람, 보기만 해도 무시무시한 사람이 나를 향해 다가오고 있었어요.

나는 본능적으로 움찔했지요.

'이를 어떡하지? 어떡하지?'

이번에는 또 어떤 일을 당할지 몰라 발만 동동 구르고 있었는데, 하늘에서 빗방울이 떨어지는 것이 아니겠어요?

'휴! 살았다.'

안도의 한숨을 내쉬고 있는데, 무엇인가가 좀 이상했어요.

잎에 닿은 빗방울은 더 큰 방울로 뭉쳐 굴러 떨어져야 하는데, 그

렇지 않았거든요. 그 물방울은 이전과는 달리 잎에 달라붙어 움직이지 않는 것이었어요.

그뿐 아니라, 약간 좀 이상한 냄새도 나는 것 같았어요.

나는 좀 참을 만했는데, 내 잎에 붙어 있던 애벌레는 그렇지가 않았던 모양이에요.

중심을 잡지 못하고 비틀거리는가 싶더니 어느새 눈을 뒤집어쓴 채 까무러치는 것이었어요. 그러더니 그대로 죽어 버리는 게 아니겠어요?

어떤 애벌레는 잎을 입에 문 채 온몸이 동그랗게 말리는가 싶더니 그대로 굴러 떨어져 나갔어요.

열매살을 갉아 먹고 있던 애벌레도 마찬가지였어요. 먹은 것을 토해 내더니 밖으로 나와 죽고 말았지요. 안에서 그대로 죽은 애벌레도 있었어요.

"안 돼! 안 돼!"

나는 또 소리 내어 목청껏 외쳤어요.

"저 아이들이 없으면 나는 나의 꿈을 이룰 수가 없어. 꿈을 이룰 수 없다고."

나는 외치고 또 외쳐 댔지만, 그 사람에게는 간절한 나의 외침이 들리지 않는 것 같았어요.

나를 도와줬던 나비 친구들의 애벌레들은 이제 모두 죽고 없었어요. 그리고 나의 몸에는 어느 사이엔가 어떤 팻말이 붙게 되었지요.

지나가는 아이들이 나를 보며 수군대는 말을 들어 보니, 아마도 "농약을 뿌렸습니다. 열매를 따 먹으면 위험합니다."라는 내용 같았어요.

그래서 그런지 모두들 입맛만 다시며 지나가는 것이었어요.

11 꿈이란 고정된 것이 아니었어!

6월 말이 되었어요.

탐스럽게 익은 주황색의 열매가 나의 가지에서 떨어져 나갔어요. 다 익었기 때문에 절로 떨어진 것이었지요.

다섯 개 정도가 그렇게 떨어진 것 같았어요. 물론 시간을 두고 하나씩 떨어졌지만 말이에요.

그래도 다행인 것은 그 열매들 중 어느 것인지는 모르겠지만, 그중 어느 하나에 있던 애벌레는 죽지 않았다는 사실이었지요. 알고 보니 열매살의 깊은 곳에 있었던 덕분에 농약이 들어오지 못했던 것이었죠.

"잘 피했구나!"

튼튼하게 기어 나오는 애벌레를 보며 나는 반가움에 기쁨이 넘쳐

흐르는 표정으로 이렇게 말했어요.

그랬더니 그 애벌레도,

"나도 그땐 죽는 줄 알았어. 그래도 네 덕분에 살았어. 고마워!"

라고 말하며, 고맙다는 답례를 하는 것이었어요.

그 애벌레는 그곳에서 잘 자라났고 나중에는 멋진 나비가 되어 날아갔지요.

그런데 날아가기 전에 이런 말을 하는 것이었어요. 그때는 그 말의 뜻을 이해하지 못했지만 말이에요.

"예피야! 네 열매살의 맛이 너무 좋아. 먹으면 먹을수록 더 먹고 싶어. 그 덕분에 살아날 수 있었던 것 같아."

지금 곰곰 생각해 보니, 그 이유를 조금은 알 것 같았어요. 그래서 그런지, 어렸을 때 무척 아팠던 기억과 함께 그때 들었던 말도 떠올랐어요.

"좋은 놈으로 접을 붙여 놨으니 맛있는 살구가 달릴 거야."

그때는 이 말의 말뜻을 전혀 이해할 수 없고, 온통 아팠던 기억만이 남아 있었는데….

그러고 보면 그때의 그 말뜻을 나비가 되어 날아간 애벌레의 말을 듣고서야 이해를 하게 된 것이었지요.

그런 일을 당했을 때는 큰 아픔을 겪었지만, 그 덕분에 한 생명을 구할 수 있었다고 생각하니 기분이 좋았어요.

그때의 아픔도, 안 좋았던 기분도 이제는 어느 정도 잊을 수 있을 것 같았어요.

아무튼 그 나비는 그런 말을 남겨 놓고 날아갔지요. 고맙다는 말과 함께 말이에요. 기분 좋게 날아갔어요.

한편, 내가 가지를 길게 뻗은 곳에서는 그늘이 만들어져 있었어요.

'나 때문에 어린 꽃들이 자라나지 못하면 어떡하지?'

이런 걱정을 하며 아래를 봤더니 어린 꽃들은 의외로 잘 자라나고 있었어요.

그중 어느 꽃은 나를 보며,

"7월의 햇살이 너무 뜨거웠는데, 그늘을 만들어 줘서 고마워!"

라고 말하는 것이었어요.

이 화단에서는 큰 나무, 작은 나무, 더 작은 풀과 꽃들이 서로 어울려 살아갈 수 있다는 것을 깨닫고는 무척 기뻤답니다.

그런데 어떤 때는 뿌리 쪽이 너무 간지러운 것이었어요.

'누가 나를 간지럽히는 걸까?'

호기심이 가득한 눈길로 흙 속에 어떤 동물이 있는지 살펴봤어요. 그랬더니 지렁이가 꼬물거리고 있지 뭐예요? 지렁이들만 꼬물거리고 있는 것이 아니라 땅강아지도 있었어요. 땅속 동물들이 소곤대며 살아가고 있었던 것이었지요.

그 동물들도 나를 보더니,

"예피 덕분에 우리는 잘 살아가고 있어. 고마워!"

라고 말하는 것이었어요.

난 정말 그 동물들이 왜 그렇게 고마워하는지는 알 수 없었어요. 그래서 나는,

"난, 너희들에게 해 준 것이 없는데…."

라고 말해 봤어요.

그랬더니 그 동물들은,

"넌 우리들이 쉴 수 있는 그늘을 만들어 줬잖아!"

라고 말하는 것이 아니겠어요?

알고 보니, 땅강아지와 지렁이는 햇빛을 싫어했어요. 나와는 정반대였지요. 그렇기 때문에 나의 그늘은 그들이 가끔 밖으로 나왔을 때 큰 도움이 되었던 것이었지요.

그런 사실을 알고는 얼마나 기뻤는지 몰라요.

나로 인해 많은 동물들과 식물들이 도움을 받으며 서로 어울려 살아가고 있는 모습이 왜 그렇게 보기 좋았는지 모르겠어요. 너무 보기 좋았던 거 있죠?

이제는 나도 예쁜 꽃으로 피어나는 것뿐 아니라 둘레의 것들과도 서로 도우며 살아가기로 했어요. 그리고 보면 더 큰 꿈이 생긴 것이었지요. 더 큰 꿈이 말이에요.

예쁜 꽃으로 피어나고 열매 맺는 것뿐 아니라 나를 둘러싸고 있는 온갖 생명들과 서로 도우며 살아가는 것, 이것이 바로 내 꿈이 되어 버린 것이었지요. 새로운 꿈 말이에요.

그리고 보면 '나'에서 '나의 둘레'로 더 커진 것이었어요. 나의 꿈도 더 크고 더 넓게 자라난 것이었지요.

꿈이란 고정된 것이 아니라 더 크게 자라날 수 있다는 것을 이때 비로소 알게 되었어요. 그런 것을 깨닫고는 또 무척 기쁘고 행복했답니다.

그렇기 때문에 그럴까요? 그처럼 더 크게 자라났기 때문에 이번에는 그런 마음도 들었던 것이었을까요?

나로 인해 그 아이들이 기뻐한다면, 그러니까 나를 찾아오는 그 아이들이 기뻐한다면 이제는 그런 것도 좋다는 생각이 들었지 뭐예요. 언젠가는 그 아이들도 나처럼 꿈이 더 크게 자라나는 날이 올 테니 말이에요.

나처럼 그 아이들의 꿈도 더 크게 자라나면, 나의 꿈을 이해해 줄 날이 올지도 모르는 일이었거든요. 이런 생각에서 그날이 오기만을 기다려 보기로 했어요. 언젠가는 꼭 올 그날을 말이에요.

그렇기 때문에 지금은 그 아이들이 나를 무시하고, 이름도 제멋대로 부르며 사진을 찍더라도, 또 나의 허락도 받지 않고 청진기를 대 보고, 그림을 그려 가더라도 넓은 마음으로 용서해 주기로 했어요.

나의 꿈은 둘레의 동식물이나 돌, 흙, 물방울 따위와도 친하게 지내며 도와주는 것으로 더 크게 자라나 있었거든요.

그들도 나름대로의 꿈을 갖고 있다면, 비록 그 꿈이 내 마음에는 들지 않는다 하더라도, 그 꿈을 인정하고 더 쉽게 이루어 갈 수 있도록 크게 돕기로 한 것이었지요.

물론 그 아이들에게도 말이에요. 그 아이들도 자신의 꿈을 더욱더 크고 아름답게 이루어 가도록 말이에요.

그 때문에 나의 마음에 들지 않게 행동하더라도 용서해 주고 더 크게 돕기로 한 것이었지요.

그렇게 하다 보면 언젠가는 올 거예요. 그들도 나의 꿈을 이해해 주고 더 큰 꿈을 향해 손잡고 나아갈 그날이 꼭 오지 않을까요?

그런 날이 오기만을 기다리며, 나는 기쁜 마음으로 그 아이들을 바라보고 돕고 또 돕기로 했답니다.

7월 말에는 장마가 시작되었어요. 그렇지만 나는 나의 넓고 무성한 잎으로 후드득 떨어지는 빗방울들을 받아 냈어요. 흙으로 스며든 물도 한껏 빨아들였지요.

큰 빗줄기로 인해 나의 둘레에 있던 식물들이나 동물들이 떠내려가지 않도록 온 힘을 다했어요. 그 덕분에 피해를 입은 생명들은 하나도 없었지요.

길고 긴 장마가 지나가자, 이번에는 뜨거운 햇살만 계속 내리비쳤어요. 그렇지만 그때도 나는 나의 무성한 잎으로 그 빛을 막아 주었지요.

그렇게 만들어 낸 그늘 덕분에 내 옆에 있던 온갖 생명들은 더위를 먹지 않고 잘 살 수 있었어요. 죽지 않고 말이에요.

무덥기만 했던 긴 여름은 이렇게 지나갔어요.

아! 여기에서 빼먹고 그냥 갈 뻔했네요.

그것이 뭐냐 하면, '떨어진 살구가 어디로 갔느냐?' 하는 점이었지요.

나는 첫 열매로서 다섯 개 정도의 열매를 맺었어요. 처음에는 네 개인 줄 알았는데, 보이지 않는 곳에 하나가 더 있더라고요.

그중 두 알은 벌레 먹은 것이었는데, 나중에 그런 것이 하나 더 나왔지요.

문제는 나머지 두 알이었어요. 그 두 알이 없어진 것이었어요. 감쪽같이 말이에요.

곰곰 생각해 보았지만 그 살구의 행방은 알 수 없는 일이었지요.

그렇지만 그때의 기억을 하나씩 되짚어 보니, 문제는 역시 그 두 알의 열매로부터 시작된 것 같았어요.

'없어진 두 알의 살구로부터 엄청나게 큰 문제가 생길 줄이야!'

그래요. 이때만 해도 그런 일이 벌어질 줄은 미처 몰랐어요. 나에게 불어닥친 엄청나게 큰 고통을 말이에요.

엄청나게 큰 문제도 처음에는 아주 작은 문제에서 시작되잖아요. 그러고 보면 아주 작은 일이라도 소홀히 하면 안 될 것 같아요. 작은 눈덩이가 언제 집채만 한 눈사람이 되어 덮쳐 올지도 모르는 일이거든요.

저처럼 말이에요. 나에게 일어났던 일처럼 말이에요.

⑫ 언젠가는 내 이름도 불러 주겠지

9월이 되어서도 나는 무럭무럭 자라났답니다.

아이들이 또 다가왔어요. 지난달에는 코빼기도 보이지 않더니, 이번 달에는 웬 바람이 불었는지 또 몰려왔더라고요.

지난번처럼 그 아이들은 사진도 찍고 자기들이 마음대로 붙인 이름도 불러 주며 한바탕 소란을 피우더니 다시 또 가 버렸어요.

그렇지만 좋았어요. 그 아이들에게도 무엇인가 도움을 줬다고 생각하니 기분이 좋아지는 것이었어요.

'또 놀러 오렴!'

이런 생각도 들었어요. 이전과는 달리 이런 마음이 드는 것이었어요.

'그렇게 오다 보면 언젠가는 내 이름도 불러 주겠지.'

이런 기대도 걸어 봤어요. 물론 그런 일이 일어날 가능성은 거의 없었지만 말이에요. 그래도 한 가닥의 희망을 가져 보기로 한 것이었지요.

9월 말쯤 되자 목말라하는 친구들이 많아 보였어요. 나는 내가 갖고 있던 물들을 조금씩 나눠 줬지요.

수분을 공급받은 둘레의 식물들만이 고마워한 것은 아니었어요. 땅속에서 살고 있던 동물들도 고마워했지요. 그들에게도 아주 메마른 땅보다는 그래도 좀 물기가 있는 촉촉한 땅이 더 좋다고 말하곤 했거든요.

10월이 지나고 11월이 되자, 나의 잎들은 맥을 못 추고 힘없이 늘어지고 말았어요. 짙은 녹색의 잎들은 서늘해진 가을 날씨에 맞춰 붉게 물들기 시작했어요.

그런데 그런 것이 또 이 아이들의 마음을 자극한 걸까요?

"어쩜, 이렇게 물들 수 있을까?"

점점 더 곱게 물들어 가는 나의 단풍잎을 보러 아이들이 또 우르르 몰려들었지요. 그러고는 사진을 찍고 제멋대로 이름을 불러 대면서 한바탕 소란을 피우더니 또 어디론가 가 버리는 것이었어요.

사실 어디론가 가 버렸다기보다는 오히려 관심을 두지 않는다고 하는 편이 더 옳을지도 모르겠어요.

나에게도 나의 꿈이 있는 것과 마찬가지로 그 아이들에게도 자신에게 맞는 꿈이 있었을 것으로 생각되었거든요.

그들 또한 그 꿈을 이룩하기 위해 온 힘을 다하고 있었을 것이 분명했거든요.

그런 까닭으로 나에게는 관심을 보일 마음의 여유가 없었을 거예요. 분명, 그랬을 거예요.

그래서 나는 그 아이들이 나에게 관심을 두지 않더라도 실망하지 않았어요. 아니, 실망하지 않기로 한 것이었지요.

그리고 그런 눈으로 아이들을 바라보니 그 아이들의 행동도 조금은 이해가 되는 것이었어요. 그런 이해와 더불어 자신의 꿈을 키우기 위해 노력하는 그런 아이들이 훨씬 더 대견스럽게 보이기 시작했던 것도 그때부터였던 것 같아요.

이를테면, 하는 일 없이 나를 보며 감탄하는 아이들보다는 자신의 꿈을 이룩하기 위해 나를 찾아오는 그런 아이들이 훨씬 더 보기 좋아 보였던 것이었지요.

때가 되면 우르르 몰려왔다가 우르르 사라지는 그 아이들의 행동도 이제는 이해할 수 있을 것 같았어요.

나를 부를 때도 제멋대로 지은 이름을 부르고 있었지만, 그래도 안 불러 주는 것보다는 낫다는 생각도 들었어요. 무관심한 것보다는 그래도 일 년에 몇 번이라도 관심을 가져 주는 편이 더 나은 것처럼 말이에요.

그리고 그 아이들의 관심에는 순수함이 배어 있었기 때문에 좋았어요. 그 때문에 더 좋아 보였는지도 모르겠어요.

그런 순수한 꿈이 무럭무럭 자라나다 보면 언젠가는 나의 꿈을 이해해 줄 날이 꼭 올 거예요. 더 큰 꿈을 향해 함께 나아갈 날이 말이에요.

어쩌면 이 아이들의 순수한 꿈은 마치 자신들이 나의 주인인 척하면서 나의 생각은 물어보지도 않은 채, 이익이 된다면 어떤 파렴치하고 악한 일도 서슴지 않고 해 버리는 어떤 어른들하고는 다른 것 같아 보였죠. 어쩌면 그런 점이 또 좋아 보였던 걸 수도 있겠네요.

아! 그래요. 그랬어요. 되돌아보면 그런 점이 참 좋아 보였던 것 같아요. 순수한 그 마음이 말이에요.

언제부터인지는 모르겠지만 굼벵이도 내 뿌리 옆에 집을 지었네요. 아마도 매미나 풍뎅이의 알에서 나온 것 같아요.

나의 뿌리 둘레에 집을 짓기도 했고, 이미 떨어진 나뭇잎의 아래쪽에 집을 지은 것도 있었어요.

떨어진 나뭇잎은 썩어 퇴비가 될 뿐 아니라 이런 곤충들의 집도 되어 줄 수 있다니, 정말 신기하기만 했지요.

아무짝에도 쓸모없는 줄 알았는데, 실은 그런 것이 아니었답니다. 모든 것이 서로가 서로에게 도움이 되는 것이었어요. 그처럼 보잘것없는 것을 통해서도 서로 돕고 살아갈 수 있는 것이었어요.

그러고 보면 꼭 좋은 것들만, 중요한 것들만을 갖고 서로 돕고 나누는 것이 아니었어요. 이런 것을 이제는 좀 더 확실하게 알게 된 것 같아요.

지난번에도 이와 같은 것을 어렴풋이 깨달았지만, 그래서 긴가민가했지만, 이제는 확실히 알 것 같았어요. 똑같은 일이 되풀이되다 보니 더 깊이 배어드는 거 있죠?

그건 그렇고, 다시 굼벵이들의 일로 되돌아가 보면, 그들도 나에게 고맙다는 말을 했어요. 그렇지만 좀 쑥스러웠어요. 별것도 아니었는데, 고맙다는 말을 들었기 때문이었지요.

그리고 좀 더 생각해 보면, 정작 고맙다고 해야 할 쪽은 그들이 아니라 나였는지도 모르는 일이었어요.

왜냐하면 흙 속에 사는 지렁이나 굼벵이, 땅강아지들이 열심히 일을 해 준 덕분에 흙이 좋아졌고, 좋아진 흙 덕분에 나는 양분을 더 많이 빨아들일 수 있었거든요. 나의 줄기에서 떨어진 나뭇잎들도 더 잘 썩을 수 있었고요.

그리고 아주 한참 만에 깨달은 것도 있었는데, 그것은 지나가는 바람님의 말이었어요. 바람님도 늘 이렇게 말했거든요. 예피 덕분에 늘 새롭게 태어난다고 말이에요.

처음에는 그 말이 무슨 뜻인지 전혀 이해할 수 없었어요.

그런데 그 말의 의미도 이제는 좀 알 것 같았어요. 내가 내뿜는 신선한 호흡이 둘레의 공기를 상쾌하고 만들고, 그런 상쾌함으로 다시 태어난다고 하는 것을 말이에요.

그런 상쾌함이 바람님뿐 아니라 둘레의 모든 생명을 되살리는 힘이 된다면서 말이에요.

나는 바람님 덕분에 나의 몸통과 가지를 튼튼하게 키울 수 있었는데, 나의 입김이 또 바람님뿐 아니라 둘레의 것들에게도 큰 도움이 되었다니요?

이런 것을 깨달았을 때의 기쁨이란 말로 표현할 수 없을 만큼 크고 큰 것이었지요.

서로 도우며 산다는 것은 정말 멋진 삶이었어요. 다시 또 몸소 체험해 보니, 그런 삶은 정말 행복한 삶이었어요.

그러고 보면 이때보다 더 행복했던 시절도 없었던 것 같네요.

그리고 그런 꿈을 나의 꿈으로, 내 삶의 목표로 삼기를 정말 잘했다는 생각이 들었어요.

앞으로도 좀 더 노력하여 나를 둘러싸고 있는 보이는 것들뿐 아니라 보이지 않는 것들과도 서로 돕고 어울려 더 큰사람이 되어야겠다고 다짐했어요.

생각해 보면 그것 역시 내가 더 예쁘게 피어나는 길이 아니었을까요?

그래요. 그러고 보면, 예쁘게 피어난다고 하는 것은 나만을 예쁘게 하기보다는 둘레의 것들과 서로 도우며 어울려 사는 것이 훨씬 더 예쁘게 피어나는 것임을 더욱더 깊이 깨닫게 된 것이었지요.

⑬ 거짓말이 적힌 팻말

12월과 1월, 2월도 무사히 잘 지나갔어요.

사실 11월 말이 되자 나의 나뭇잎들은 모두 떨어졌어요. 붉게 물들었던 나뭇잎들은 찬 서리가 한 번 내리더니 반 이상이 떨어지는 것이었어요. 그런 과정을 몇 번 거치면서 모두 떨어지고 말았지요.

그래도 땅강아지와 굼벵이, 지렁이 따위의 땅속 동물들은 정말 좋아했어요. 떨어진 나뭇잎들은 이들에게 이불과도 같았거든요.

그래서 그런지, 따뜻한 이불을 덮어 줘서 정말 고맙다는 말을 너무 많이 들었지요.

겨울은 너무 추웠지만 낙엽들 덕분에 모두 무사할 수 있었대요.

아! 참 그랬어요. 그해 겨울에는 많은 눈이 내렸지요. 눈이 또 두툼한 이불처럼 포근하게 덮어 준 덕분에 모두들 무사할 수 있었대요.

그렇지만 문제는 내가 알지 못하는 사이에 조금씩 진행되고 있었지요. 떨어진 살구 두 알과 함께 말이에요.

한편, 1월이 지났으니 난 다시 또 한 살을 더 먹었어요. 5살이 된 것이지요.

겨울을 잘 보낸 덕분인지 키도 많이 커졌고, 굵기도 무척 굵어졌어요. 키는 3미터를 넘을 것 같았어요.

굵기도 아이들의 팔목보다 더 굵어졌답니다. 나와 함께 사진을 찍기 위해 오는 아이들의 손목을 잘 살펴봤는데, 꼭 그 정도의 굵기였거든요.

가지도 여러 개 뻗었어요. 그렇기 때문인지 올해에는 정말 많은 꽃을 피웠지요. 작년에는 다섯 송이 정도였지만 올해에는 50송이는 더 피운 것 같았어요. 그 꽃들이 또 모두 다 열매를 맺었어요.

꽃이 피었을 때는 엄청났답니다.

매일같이 아이들이 우르르 몰려왔어요. 그러고는 또 제멋대로 이름을 붙이더니 사라졌지요. 그래도 날 찾아오지 않는 것보다는 좋았어요.

그뿐이 아니었어요. 그만큼 내가 예쁜 꽃을 피웠다고 생각하니 스스로 자랑스러웠답니다. 그토록 많은 꽃을 피웠다니 스스로가 대견스럽게 보이기도 했고요.

열매를 맺을 때도 대단했어요. 나에게 제멋대로 이름을 붙인 아이들이 또 우르르 몰려들었지요.

그런데 이번에는 나의 열매를 보며,

"이건 내 거야."

"그러면 저건 내 거."

라고 말하며 서로 다투는 것이었어요.

초록색의 열매가 맺히기 시작하면서부터 한 달 내내 그랬던 것 같아요.

그런데 언제부터인지는 모르겠지만 아이들이 한 명도 오지 않는 것이었어요.

매일같이 와서는 '이건 내 거야.'라고 소곤대던 아이들이 참 별꼴이었지요.

왜 그런지 그 원인을 생각해 보았더니, 달라진 것은 딱 하나밖에 없었어요.

나의 몸에 작년처럼 어떤 팻말이 붙어 있었거든요. 그것도 아이들에게 잘 보일 수 있는 곳에 말이에요.

"농약을 뿌렸어요. 따 먹으면 위험합니다."

귀를 기울여 잘 들어 보면, 입맛을 다시며 모두 이런 말을 하며 지나가는 것 같았어요. 어쩌면 그렇게 똑같은 말을 하며 지나가는 것일까요?

그래서 나는 그 말이 여기에 붙어 있는 이 팻말의 내용일 것이라고 짐작한 것이지요.

그렇지만 이해할 수 없는 일도 하나 있었지요.

작년처럼 끈적끈적한 빗방울은 떨어지지 않았거든요. 물론 내 옆의 다른 나무나 풀, 꽃들에게는 뿌려진 것 같았지만요.

그렇지만 나에게는 웬일인지 뿌려지지 않았어요. 뿌려지지 않았는데, 팻말만큼은 작년과 똑같은 내용이 붙어 있었기 때문에 이상하게 생각하지 않을 수 없었던 것이었지요.

그러던 6월의 어느 날이었어요. 밤중이었어요. 그것도 한밤중.

누군가가 나를 향해 다가오는 것이 느껴지는 게 아니겠어요?

나는 직감적으로 알아차렸지요. 그래서 나는,

"꺄악!"

하고 소리를 질렀어요.

있는 힘껏 질러 댔지요. 그런데도 그 검은 그림자는 계속해서 다가왔어요.

"안 돼! 오지 마!"

아주 큰 소리로 외쳐 댔는데도 그 검은 그림자는 들은 척도 하지 않는 것이었어요.

"싫어! 싫다고!"

두려움에 떨리는 목소리로 외치고 또 외쳤어요.

"오지 말라고, 가까이 오지 말란 말이야!"

아무리 외치고 발버둥을 쳐 봐도 그 그림자는 계속해서 다가왔고, 이번에는 나의 몸에 올라타는 것이었어요.

난 그만 기절하고 말았어요. 아니, 어쩌면 일부러 눈을 질끈 감아 버렸는지도 모르는 일이었어요.

그다음 날, 어떤 일이 일어났는지 알게 되었는데…, 입에 담기조차도 싫은 말들만이 들려올 뿐이었지요.

 **14 다 털렸어요**

아이들이 또 우르르 몰려들었어요. 그렇지만 나를 보는 눈빛이 사뭇 달라졌어요.

그전에는 정말 친구가 되어 자랑스럽다는 듯, 탐스러운 열매가 부럽다는 듯, 아니면 멋지다, 닮고 싶다는 눈빛으로 나를 봤는데 지금은 그런 것이 아니었어요.

왠지 모르게 실망스럽다는 듯, 걱정스럽다는 듯 아니면,
'누구야? 나의 친구를, 이렇게 만든 사람이…'
라는 듯한 눈빛이었어요.

아침에 일어나 보니, 아니 어쩌면 기절한 상태에서 깨어난 것이었는지도 모르겠네요.

가지는 몇 개 꺾여 있었고, 가지마다 탐스럽게 달려 있던 나의 아기씨들은 온데간데없이 사라졌던 것이었어요.

난 정말 어이가 없었지요.

간밤에 완전히 털렸어요. 누군가에게 말이에요. 그 검은 그림자가 나타나더니 탐스럽기 그지없던 나의 소중한 보물들을 몰래 가져간 것이었지요. 나의 허락도 받지 않고 말이에요.

그런데 문제는 아이들 사이에서 일어났어요.

나를 향하던 그 원망의 눈빛은, 나를 향했던 그 분노의 눈빛은 조금씩 서로를 향해 옮겨지고 있었어요.

그다음에는,

"나의 친구를 누가 그런 거야? 너지?"

라는 말다툼이 일어났고, 마침내는

"내 살구를, 네가 따 먹었지?"

라는 싸움으로 번지고 말았어요.

"아니야! 아니야! 너희들이 아니야!"

안타까운 마음에 이런 말을 몇 번이고 해 봤지만, 통하지 않았어요. 그렇다고 하여 그 아이들이 다툼을 그친 것도 아니었어요.

서로의 멱살을 잡고 티격태격하는 것은 아니었지만, 그저 서로의 눈빛을 바라보며 기 싸움을 하는 정도였지만 말이에요.

그 아이들이 하는 말을 잘 들어 보면 무엇인가가 이상하다는 것을 느낄 수 있었지요. 이전에는 느껴 보지 못한 미묘한 느낌이었는데, 처음에는 그것이 무엇인지 잘 몰랐어요.

그렇지만 그 아이들이 하는 말을 여러 차례 되새겨 보고 곰곰 생각해 보니, 하는 말이 달라졌다는 것을 알게 되었지요.

그 아이들과 나의 관계라고 해야 할까요? 그런 것이 달라져 있었지요.

그전에는 '나의 친구'라는 말을 많이 들었는데, 요즘에는 '내 살구'라는 말을 많이 듣게 되었거든요.

하나의 사건이 일어나고 그 사건을 두고 이러쿵저러쿵 말을 주고받는 가운데, 자신도 모르는 사이에 하는 말이 바뀌고 만 것 같았어요.

아무튼 '나의 친구'에서 '내 살구'로 말이 바뀐 것만큼은 사실이었어요.

곰곰 생각해 보면, 친구로 삼고 이름을 붙여 줬다는 이유만으로 나의 살구 역시 '친구의 것'에서 '나의 것'으로 바뀐 모양이에요. 다툼의 과정에서 슬그머니 그렇게 된 것이었지요.

'아니, 어쩌면…. 친구라는 말 속에는.'

그러니까 '친구'라는 말 속에 이미 '나의 것'이라는 뜻도 들어 있었는지도 모르는 일이었어요.

이런 생각이 들자, 나는 정말 울고 싶어졌어요. 친구라고 말하면서 역시 물건 취급을 당하고 있었다고 생각하니, 절로 눈물이 솟아오르는 거 있죠.

'친구인 줄 알았는데, 소유물이었다니….'

믿음의 바탕이 흔들리자, 그다음에는 별별 생각이 다 드는 것이었어요.

그래서 그랬을까요? 이런 점에서는 아이들도 어른들과 다른 점이 별로 없다는 생각마저 드는 것이었어요.

아주 작은 관심을 가졌다는 이유만으로 마치 자기 것인 양 착각하고, 아니 자기 것이라고 주장하였지요. 그런 주장이 암암리에 통하게 되고 인정을 받게 되면, 이번에는 제멋대로 대하고, 그다음에는 마음대로 팔아먹으려고 하지 않을까요? 그런 고약한 버릇이 들어 있는 것처럼 느껴졌어요.

더욱더 우스운 것은 얼마 전에,

"주인이 없다거나 먼저 발견했다는 이유만으로 '나의 것'이라고 생각했기 때문인지, 나를 잡으려고 하지 뭐예요? 이상하게 생긴 그물을 들고 쫓아오는데, 얼마나 놀랐는지 몰라요."

라는 말을 하며 날아가는 나비를 본 적도 있었어요.

그때는 그 말을 듣고도 잘 몰랐어요. 그것이 정말 맞는 말인지도 이해할 수가 없었지요.

그런데 둘레를 살펴보았더니 정말 나의 둘레에도 그런 식으로 당한 친구들이 많았어요.

나의 친구들인 나비나 곤충, 식물들만이 당한 것은 아니었어요. 동물들도 당했고, 바위도 당했고, 돌도 당했고, 물도 당했고, 산도 당했고, 땅도 당했고요. 주인이 없는 것처럼 여겨지면 자기 것이라고 하면서 마구 잡아가거나 그냥 가져가는 것이었어요.

물론 우리 아이들은, 그렇지는 않았을 거예요. 내가 그 당시에는

'나의 살구'라는 말을 듣고 너무 흥분해서 그런 생각을 하게 되었는지도 모르겠어요. 그때는 내가 너무 허탈한 나머지 너무 예민하게 반응한 것인지도 몰라요.

우리 아이들은, 적어도 나를 보러 오는 아이들은 주변의 것들을 소유물로만 여기는 어른들과 같은 생각인 건 아닐 거예요. 욕심이, 즉 뭐든지 갖고 싶어 하는 욕심이 너무 많은 어른들과는 다를 것이라 믿어요.

아무튼, 그 아이들도 다 털린 나를 보고는 그동안 자신이 기른 살구를 잃어버린 양 무척 아까워하는 것만큼은 사실이었어요.

처음에는 그런 마음이 나를 향한 값싼 동정심인 것 같았는데, 꼭 그런 것만도 아닐 거라는 생각이 들었어요.

이제는 자신의 것을 잃어버린 것처럼, 자신의 것이 도둑맞은 것 같은 기분이 들었기 때문에, 그런 말을 한 것처럼 느껴지는 거 있죠?

그리고 보면 나와 이 아이들은 어느새 하나가 되어 있었는지도 모르는 일이었어요. '우리'로서의 하나 말이에요. 그렇기 때문에 나의 일이 그 아이들의 일처럼 여겨졌고 '나의 살구'라는 말도 자연스럽게 나왔던 것이겠지요.

분명 그랬을 거예요. 그런 생각이 들자 마음은 무척 편안해졌고, 기분도 많이 좋아졌어요.

그런 생각이 점점 더 들고 자리를 잡아 나갔기 때문인지, 속으로는 기쁨도 솟아올랐지요. 아기씨는 전부 잃었지만, 그로 인해 오히려 그보다 더 소중한 우리 아이들의 마음과 하나가 되었다고 생각하니, 저도 모르게 말할 수 없는 기쁨이 솟구쳤어요.

이런 것도 믿기지는 않았지만 사실이었어요.

'친구보다 더 소중한 자신의 반쪽으로 여겨진 것이었어.'

이처럼 하나의 생각이 슬픔을 주기도 하고 기쁨을 주기도 하다니, 좋은 쪽으로 계속 생각을 하다 보니 많은 위로가 되었고 기쁨도 그만큼 더 늘어났어요.

그렇지만 이런 것도 잠시였지요.

이 사건도 얼마 지나지 않아 슬그머니 잊히고 말았어요. 그렇게 째려보며 다투던 아이들도 잠잠해졌지요. 더 이상 이러쿵저러쿵하는 말도 없어지고 말았고요.

나를 안타까운 눈으로 바라보며 서로를 노려보던 그 따가운 시선도 점점 더 사그라졌고, 그냥 평범하고 무덤덤한 눈길로 바뀌어 갔어요.

어쩌면 그 아이들의 마음속에서 먼저 그런 생각이 사라져 버렸는지도 모르는 일이었지요.

이유는 잘 모르겠어요. 왜 그 아이들의 마음이 갑자기 그렇게 바뀌어 갔는지는….

어쩌면, 담임 선생님께 혼났는지도 모르는 일이었어요.

"우리 선생님이 그런 것 갖고 싸우지 말라고 해서…. 참는 거야."

이런 말도 들려왔거든요.

그런데 그다음에 또 다른 아이들이 왔는데, 그 아이들이 하는 말을 듣고는 깜짝 놀랐어요. 이런 말이 들려왔거든요.

"그 살구나무를 나의 나무나 나의 친구로 한 것은 좋아요. 그렇지만 그것은 어디까지나 친구처럼, 아니 자신의 일부처럼 보살피면서 나무는 어떤 꿈을 갖고 있고 그 삶을 어떻게 가꾸어 가고 있는지, 즉 나무의 삶의 방식을 배우고 나무가 지닌 덕을 본받으라고 한 것이었지, 살구열매를 갖고 싸우라고 한 것은 아니었어요.

'나의 꽃, 나의 나무'라는 프로그램을 만든 이유를 잘 이해해 줬으면 좋겠어요. 선생님께서는 그렇게 말씀하셨는데, 난 아직도 잘 모르겠어."

그 아이들은 이런 말을 하며 지나가는 것이었어요. 나는 정말이지, 깜짝 놀랐답니다.

한편으로는 이해가 되는 점도 있었지요. 그것은 왜 우리 아이들이 그렇게 몰려왔고, 사진도 찍어야 했는지, 그리고 그 이유가 무엇인지를 알게 되었다는 점이었어요.

그중에서도 특히, 그 프로그램의 목적이 나무의 삶의 방식과 나무가 지닌 덕을 본받기 위해서였다니 말이에요. 이런 목적을 달성하기 위해 그런 프로그램을 만들었다는 말을 들었을 때는 정말 마음이 찡했어요.

나의 삶을 알아보기 위한 프로그램이라니요? 나의 덕을 본받기 위한 프로그램이었다니요? 듣기만 해도 가슴이 뛰는 이야기였어요.

더욱이 '자신의 일부처럼 보살펴야 한다.'는 말을 들었을 때는 얼마나 기뻤는지 몰라요. 그리고 '나무의 꿈과 그 꿈을 가꾸어 가는 방식'이라는 말을 들었을 때는 정말 날아가는 기분이었다니까요.

그런 기쁨과 함께 '언젠가는 그 아이들도 나처럼 더 큰 꿈을 향해 나아갈 날이 꼭 올 거야.'라는 기대감도 더욱더 크게 부풀어 올랐지요.

이때부터 나는 아이들에게는 좀 더 좋은 모습을 보여 주어야겠다고 다짐했어요. 늘 성실하게 살아가는 평소의 모습을 말이에요. 더 크게 어울려 더 예쁘게 피어나고자 하는 나의 꿈을 말이에요.

그리고 또 이런 말도 들려왔어요.

"솔직히 말하자면, 그 살구는 너희들의 것이 아니에요. 학교의 것이지요. 우리 학교의 돈으로 사서 심은 것이니까요.

선생님은 이런 말씀도 하셨는데, 우리도 우리 학교를 구성하고 있는 한쪽으로 볼 수 있고, 그렇다면 우리들의 것이라고 해도 크게 틀린 말은 아닌 것 같은데, 그렇지 않을까?"

이런 말을 듣고 난 나를 산 사람이 푸른솔초등학교라는 것도 알게 되었지요. 우리 아이들의 교육을 위해 사 왔다는 사실도 알게 되었고요. 교육이 뭔지는 모르겠지만 기분만큼은 좋았어요.

처음 팔려 올 때는 기분이 좋지 않았는데, 이곳이 학교이고 아이들에게 도움을 줄 수 있다고 생각하니 기분은 더욱더 좋아졌어요. 그때 느꼈던 안 좋은 기억도 이제는 다 잊어도 될 것 같았어요.

아이들은 가면 갈수록 좋아졌고, 그에 따라 나의 기분도 점점 더 좋아졌지요. 아이들과 함께 좀 더 크게 피어날 수 있을 것 같았고, 더 큰 행복을 얻을 수 있을 것 같았기 때문이었어요. 왠지 모르게 그런 예감이 들었어요.

아무튼 아이들은 내 옆을 지나가면서 이런저런 말들을 들려줬어요. 그리고 그날 이후로는 정말 아무런 일도 없었다는 듯 잠잠해졌어요.

이제는 걱정을 하지 않아도 될 것 같았어요. 사실 나는 '나의 친구'에서 '나의 것'이란 말로 바뀌었을 때, 많이 놀랐거든요.

그런데 그 말이 무엇인가를 갖고 싶은 욕심 때문이 아니라 더 큰 어울림에서 나온 말이었음을 깨닫고는 크게 안심이 되었고, 부끄러운 마음도 살짝 들었어요. 아무런 근거 없이, 이전에 당했던 경험에 비추어 이번에도 그렇지 않을까 하는 지레짐작만으로 우리 아이들의 순수한 마음을 의심했기 때문이지요.

그렇지만 이제는 확실히 알게 되었어요. 이 아이들에게도 나처럼 둘레의 것을 자신의 일부처럼 여길 수 있는 마음의 씨앗이 심어져 있다는 것을 말이에요. 그런 것이 다 선생님의 말씀 덕분이라는 것도 알게 되었고요.

그해는 그렇게 지나갔어요. 나에게도, 나를 친구나 반쪽으로 여겼던 아이들에게도 어이없는 한 해였어요. 허탈하기 짝이 없는 한 해이기도 했고요.

그렇게 하여 1년이 또 지나가고 난 이제 6살이 되었지요. 나는 더욱더 튼튼해졌고 더욱더 큰 나무로 자라났답니다.

나는 나의 이름처럼 더 큰사람으로 피어나고 있었지요. 둘레의 살아 있는 온갖 것들과 서로 도우면서 말이에요. 특히 아이들과도 친해졌고 더 크게 도울 수 있다는 희망을 갖고 말이에요.

⑮ 범인이 한 사람 더 있었던 것이 아닐까?

여섯 살 때는 좀 이상했어요. 무엇이 이상했냐고요? 농약을 치는 사람의 행동이 정말 별스러웠거든요.

어느 날 그 사람은 무척이나 험상궂은 표정으로 나타났어요. 곰곰 생각해 보면 작년 이맘때였던 것 같아요.

나는 정말 올해만큼은 많은 노력 끝에, 250개 정도의 열매를 맺었어요. 그런데 그것 또한 어젯밤에 고스란히 털려 버리고 말았어요.

작년 이맘때처럼, 누군가가 몰래 나의 몸에 기어 올라온 거예요. 그렇게 올라와서는 그 많은 살구를 하나도 남김없이 털어 간 것이었지요.

당했어요. 작년과 똑같이 말이에요. 내가 정말 정성 들여 키운 그 많은 열매를….

 올해에는 몸도 더 튼튼해졌고 몸집도 더 커졌기 때문에 250개 정도의 열매를 맺었답니다. 나는 숫자를 배운 적이 없었기 때문에 잘 몰랐었지만 말이에요. 대략 그 정도였었던 것 같아요.

 왜냐하면 작년처럼 우르르 몰려와 친구라며 사진을 찍고, 제멋대로 이름을 부르고…. 그런 식으로 놀러오는 아이들이 부쩍 늘었고, 그 아이들이 하는 말을 들어 보니, 그랬었거든요.

 어떤 아이는,

 "200개야."

 라고 말했고 또 어떤 아이는,

 "254개 같은데."

 라고 말했어요. 또 다른 어떤 아이는,

 "아니야, 아니야. 내가 정확하게 세어 봤어. 딱 298개야. 298개."

 라고 말하는 것이었어요.

 떠들썩하게 말하는 아이들의 말을 듣고 어림하여 잡은 숫자였기 때문에 250이라는 숫자는 정확한 것이 아니었을지도 몰라요.

 그렇지만 그 정도를 내가 키워 냈다는 것만큼은 사실이었지요.

 그리고 아! 맞아요. 올해에도 작년처럼 나만 농약을 안 뿌리고 가는 것이었어요. 그렇지만 팻말만큼은 작년처럼 똑같이 세워 놓았지 뭐예요.

그렇기 때문에 어떤 아이는,

"올해는 좀 맛을 보려고 했더니…. 작년과 똑같잖아."

라는 불평을 늘어놓으며 지나갔어요.

"그래, 맞아. 참 맛있어 보이는데."

눈이 큰 다른 아이는 이런 아쉬움을 내보이며 지나갔어요.

"그냥 먹으면 안 될까? 깨끗이 씻어서 말이야."

얼마나 먹고 싶었으면 이런 말까지 했을까요?

아무튼 나를 친구로 생각하는 아이들이나 친구로 생각하지 않는 아이들이나 그 마음은 모두 다 한결같았어요. 내 옆을 지나갈 때면 이런 말들을 주고받으며 지나가는 것이었지요.

이런 까닭으로 알게 된 것이었어요. 작년과 똑같은 내용의 팻말을 세워 놓았다는 것을 말이에요.

'그렇지만, 그렇지만….'

생각해 보면 볼수록 이상한 점이 있었어요. 나에게는 정말로 농약을 치지 않았거든요. 그 때문에 그런 팻말을 붙여 놓았다는 것이 여전히 이해가 되지 않는 점이었지요.

'농약은 안 쳤는데 쳤다고 하고, 쳤다는 팻말까지 붙여 놓고…. 그렇다면….

그렇다면, 작년에 한밤중에 다가왔던 그 검은 그림자의 정체는 바로 그 사람일지도 몰라.'

머리를 굴리다 보니 갑자기 이런 생각이 들었어요. 범인은, 내 살구를 훔쳐 간 범인은 농약을 뿌리고 다닌 바로 그 사람일지도 모른다는 생각이 말이에요.

'그리고 그 팻말을 세워 놓은 사람은 농약을 친 사람이었고, 그 사람은 올해에도 작년처럼 나만 빼놓고 농약을 친 거야.'

생각이 좁혀지고 범인의 모습이 어렴풋이 드러나자 절로 몸서리쳐지는 거 있죠?

'범인은 그 사람이었구나! 내 살구를 따간 범인은….

농약을 쳤다는 말을 퍼트려 다른 사람들에게는 가까이오지 못하게 해 놓고…'

그러고 보니 농약을 쳤다는 말은 속임수였어요. 다른 사람들의 접근을 막기 위한 속임수였다는 것을 알아낸 것이었지요. 작년에 그런 속임수를 썼고, 그런 것이 통했기 때문에 올해에도 그런 수법을 똑같이 쓴 것이 아니었을까요?

'나의 소중한 열매를 자기만 독차지하기 위해 그런 꼼수를 쓰다니…. 그것도 두 번씩이나….'

화가 났어요. 그 사람의 속임수와 끝없는 욕심에 화가 치밀어 오르는 것이었어요.

그런 욕심 때문에 우리 아이들과도 친해지고 더 큰사람으로 피어나고자 했던 나의 꿈이 꺾였다고 생각하니 너무너무 분했지요.

'그렇다. 내가 처음으로 열매를 맺었을 때 떨어진 살구 두 알이 있었는데, 그 살구를 이 사람이 주워 가서 먹어 봤고, 그 맛을 잊을 수가 없었기 때문에 작년에도, 올해도 저 혼자만 먹기 위해 농약을 쳤다는 거짓 팻말을 붙인 다음, 몰래 따 간 게 분명해.'

 범인의 속셈이 보이자 정말 기가 막혔어요. 어쩌면 이렇게 한 사람의 꿈을 망쳐 놓을 수가 있을까요?

 그러고 보니 나의 더 큰 꿈을 망쳐 놓은 사람을 마침내 찾아낸 것 같았어요.

 그뿐 아니라, 재작년에 없어졌던 살구 두 알의 행방도 이제는 알 것 같았어요. 같은 사람이었어요. 같은 사람이 가져갔던 것이었어요. 나에게 농약을 쳤던 바로 그 사람….

 그런데 이상한 일은 이번에는 그 사람이 씩씩거리며 내 옆을 두리번두리번하고 있었다는 것이었지요. 보면 볼수록 이해가 되지 않았어요. 그 움직임도, 그 분위기도 좀 어딘지 모르게 이상한 것이었어요.

 '올해에도 그 사람은 나만 빼놓고 농약을 쳤고…. 그것은 작년처럼 올해에도 나의 살구를 훔쳐 가겠다는 뜻이었고….

 그리고 훔쳐 갔잖아. 어젯밤에….

 작년과 똑같은 옷을 입고…. 살금살금 기어 올라왔잖아.'

 그런 것 같았는데, 한편으로는 아닐지도 모른다는 생각이 살짝 들지 뭐예요. 범인은 그 사람이 아니었을지도 모른다는 생각이 말이에요. 다른 범인이 또 있을지도 모른다는 그런 생각이 말이에요.

 '아니었어? 아니, 아니었을까? 그 사람이.'

 이상하게도 이런 의심이 조금씩 들기 시작하는 것이었어요. 그래서 그 사람의 표정과 행동에 대해 되새겨 보게 된 것이었죠.

'그렇다면 그 표정은 무엇일까? 알 수 없는 그 표정은…'

그렇지만 아무리 생각해 봐도 알 수 없었어요. 왜 그런 표정을 짓고 있었는지를 말이에요.

그래서 나는 다시 또 그 사람의 표정을 뚫어지게 살펴보고 요리조리 머리를 굴려 봤어요. 그 표정을 살펴보면 무엇인가가 있을 것만 같았거든요. 미처 알지 못했던 새로운 무엇인가가 말이에요.

'자기가 훔쳐 가 놓고 미안하니까, 범인으로 몰릴까 봐, 일부러 여기에 와서 아닌 척하며, 어슬렁거리고 있는 것은 아닐까?

다른 사람들도 그러잖아. 특히 나의 것을 마치 자기 것처럼 생각하고 있는 욕심쟁이 아이들도 마음이 깨끗한 아이인 척하며, 여기에 와서 나를 바라보며…. 누가 저런 짓을….

허풍이겠지만, 진지한 표정으로 누군지도 모르는 범인을 향해 손가락질을 하잖아.'

이런 생각도 해 봤어요.

'범인도 범인이 아닌 것처럼 보이려면 다른 사람들이 하는 것처럼 그렇게 똑같이 행동하는 것이 좋다고 생각해서…. 여기에서 어슬렁거리며 생각하고 있는 척하고 있는지도 모를 일이다.'

하다못해 이런 생각도 해 봤는데, 꼭 그런 것만은 아닌 것 같았어요. 처음에는, 그렇게만 생각되었는데 말이에요.

아무래도 이상했어요. 아닌 것 같다는 생각이 점점 더 들었어요.

특히 그 표정이 말이에요. 분위기가 영 아니었거든요.

그 표정이란 마치,

'난, 아닙니다. 이번만큼은 아닙니다.'라는 뜻을 풍기고 있는 것 같았어요.

그래서 곰곰 다시 한 번 어젯밤에 일어난 일을 되돌아보게 된 것이었지요.

그랬더니, 좀 다른 사람이 올라온 것도 같았어요.

왜냐하면, 왜냐하면….

느낌이 좀 달랐다고 할까요? 어제 올라온 그 사람은 좀 다른 느낌이었어요. 부러뜨린 가지도 별로 없었고….

그러고 보니 그랬어요. 작년에는 가지도 좀 많이 부러뜨렸는데, 올해는 그렇지 않은 데다 부드럽게 올라왔죠. 다른 사람 같았어요. 완전히 다른 사람.

그렇지만 이 사건도 작년처럼 흐지부지되고 말았어요.

아이들도 마찬가지였어요.

"네가 따 갔지?"

이런 말이 몇 번 오가는가 싶더니 곧 시들해진 것이었어요. 그리고 농약을 친 그 사람만이 좀 다른 느낌이었어요. 좀 달라진 분위기를 계속해서 풍기고 있었지요.

그 사람은 무엇인가를 골똘히 생각하고 있는 것 같았어요. 어쩌면,

그 사람도 진짜 범인이 누구인지를 생각하고 있었는지도 몰라요.

자기도 당했기 때문에, 내 것이라고 생각했던 것을 다른 사람에게 감쪽같이 털렸기 때문에, 진짜 범인이 누구인지를 골똘히 생각해 보는 것처럼 보였지요.

그러면서 속으로는 그 사람을 향해,

'두고 보자. 누가 이기는지….'

라는 생각을 하고 있는 것 같았어요. 이를 갈면서 말이에요.

어쩌면, '한번 싸워 보자.'는 결심을 하고 있었는지도 모르겠어요. 어느 방향으로 나아가는 결심이었는지는 알 수 없는 일이었지만 말이에요.

그렇다면 말이에요. 그렇다면 결국 올해에는, 작년과는 다른 사람이 털어 갔다는 결론이 나오는데…. 과연 누구였을까요?

어떤 사람이 그런 짓을 했을까요? 도대체 어떤 사람이었기에 나의 꿈을, 더욱더 크고 예쁘게 피어나고자 한 나의 꿈을 그렇게 참혹하게 꺾어 놓았을까요?

골똘히 생각을 해 봤지만 짐작 가는 것은 하나도 없었어요.

이와 같이 또 한 해가 지나갔어요. 정말로 알 수 없는 한 해였지요. 작년처럼 말이에요.

의심은 많았지만 해결책은 하나도 없는 한 해였지요. 그렇기 때문에 의심만 많았지, 해결된 것은 하나도 없는 한 해가 되고 말았어요.

그렇지만 확실한 것도 있었어요. 전혀 소득이 없었던 것은 아니었어요. 범인이 두 명이라는 것을 알았거든요. 나의 꿈을 꺾어 놓은 사람이 두 명이었다는 것을 말이에요.

그리고 그중 한 사람은 농약을 친 그 사람이었고, 그 사람 말고 다른 사람이 더 있다는 것도 확실해졌으니까요.

그러고 보면 의심을 한다는 것도 그리 나쁜 것만은 아닌 것 같았어요.

그런 의심 덕분에 여러모로 따지고 또 따져 보게 되었고, 그 결과 한 명이 더 있다는 것도 알게 되었으니까 말이에요.

⑯ 마침내 또 다른 한 명이 더 나타났죠

새해가 밝고 나는 이제 7살이 되었어요.

결과부터 말하자면 올해에도 작년과 똑같은 일이 일어나고 말았어요.

다른 점이 있었다면 내가 좀 더 노력한 결과, 320여 개나 되는 열매를 맺었다는 것이었어요. 그리고 농약을 치는 사람도 올해에는 정말로 농약을 쳤다는 것이었고, 팻말도 그대로 붙여 놓았다는 것이었지요.

그런데 지나가는 아이들의 말을 들어 보니 팻말의 내용은 좀 달라진 것 같았어요.

처음에는 잘 몰랐어요. 그런데 지나가는 아이들의 말을 잘 들어 보니,

"올해에는 벌레가 많아 농약을 두 배로 쳤습니다. 절대 따 가시면 안 됩니다."
라고 말하는 것 같았어요.

이 말을 듣고 좀 이상하다는 생각이 들었어요. 벌레들이 많다고요? 그렇지는 않았거든요.

그렇다면 이 말은 작년에 누군가에게 털렸고, 그렇기 때문에 써 놓은 말이었음에 틀림없었지요. 그 누군가를 향해 써 놓은 말. 그 누군가는 아마 또 다른 사람, 즉 나의 살구를 몰래 따 간 진짜 범인이었을지도 모르겠어요.

농약을 두 배로 쳤다고요? 나의 줄기나 가지가 더 굵어졌고 더 많이 뻗었기 때문에 약이 더 많이 들어간 것은 사실이었지만, 그렇다고 하여 두 배로 친 것은 아니었거든요.

그러고 보면, 이 말 역시 작년에 몰래 다녀갔던 그 사람을 위해 써 놓은 말이었지요. 그리고 그 속에는 아마도 '올해에는 작년처럼 당하지는 않겠다.'라는 뜻이 담겨 있는 것 같았어요. 아무튼 나는 그 말을 그런 뜻으로 이해했지요.

아니나 다를까요? 그 팻말을 붙여 놓은 그날부터 약을 치며 돌아다녔던 그 사람의 모습이 자주 눈에 띄기 시작했어요. 마치 무엇인가를 찾고 있는 듯, 아니면 감시를 하는 듯 말이에요.

낮에는 아이들이 우르르 몰려와 사진을 찍으며 제멋대로 붙인 이름을 불러 댔어요. 사랑한다느니 나도 이 나무처럼 씩씩하게 자라나고 싶다느니, 나도 저 열매처럼 나의 꿈을 탐스럽게 키워 가고 싶다는 둥 별별 호들갑을 다 떨고는 사라졌지요.

그렇기 때문인지, 낮에는 그 사람도 잘 오지 않았어요. 그렇게 귀여운 아이들이 맛좋은 살구를 자기 몰래 먼저 따 갈 것이라고는 상상조차 할 수 없는 일이었을 테니까요.

어둑어둑해지고 저녁을 먹을 시간이 지나면 그 사람은 학교의 문을 꼭꼭 걸어 잠근 채 돌아다녔어요.

적어도 10분에 한 번씩은 확인을 하러 오는 것 같았어요. 나의 열매가 가지에 제대로 붙어 있는지를 말이에요.

어쩌면, 안절부절못하고 밤새도록 그렇게 돌아다니고 있었는지도 모르는 일이었어요.

혹시 잘 모를까 봐 말해 두지만, 나도 밤에는 잠을 잔답니다. 밤과 낮이 늘 같은 모습이라 잠을 자지 않는 것처럼 보여서 잠도 자지 않는 것처럼 생각하시는 분들도 많이 있을 텐데, 그렇지가 않아요.

나도 밤이 되면 잠을 자요. 제시간에 꼭 잔답니다.

나는 그날도 그 시간에는 잠을 자고 있었지요. 그렇기 때문에 그 사람이 그 시간에 돌아다니고 있었는지, 아닌지는 잘 몰랐었죠.

그리고 또 이상한 것은 그 사람이 보러 오지 않더라도 다른 어떤 사람이 나를 감시하고 있다는 느낌이 드는 것이었어요. 전에는 그런 느낌을 받은 적이 없었는데 말이에요.

그러고 보면 또 다른 한 명이 마침내 나타난 것이었지요.

또 다른 사람이 있다는 것을 알게 된 이후로는 왠지 모르게 그런 느낌이 오는 것이었어요. 나를 지켜보고 있다는 느낌이 팍팍 느껴졌거든요.

그렇지만 문제는 느껴지기는 느껴지는데, 그 사람이 누구인지는 잘 모르겠다는 것이었어요. 거기까지는 아직 잘 모르겠더라고요.

약을 친 사람이거나, 아니면 또 다른 사람일 텐데 말이에요. 그들 중 누구인지는 정말 모르겠더라고요.

어쩌면, 지금 느껴지는 시선은 약을 친 바로 그 사람의 것이었는지도 모르겠어요. 그 사람이 나를 보러 오는 그 시간만큼은 느껴지지 않았거든요. 보고 간 다음부터 느껴졌고 말이에요.

그리고 보면 그 사람은 나의 열매가 잘 달려 있는지 아닌지 확인한 다음, 돌아가는 척하고는 또 어디에선가 숨어서 나를 계속 지켜보고 있었는지도 몰라요. 나에게 다가가는 사람이 누구인지를 살펴보기 위해서 말이에요.

지켜보는 느낌도 비슷했지요. 그래서 나는 지금 느껴지는 사람을 농약을 치는 바로 그 사람이라고 확신했어요.

누군가가 쭉 나를 지켜보고 있다는 그 느낌…. 그 느낌이 어떤 것인지는 당해 보지 않은 사람은 모를 거예요.

온몸에 소름이 돋는 그 느낌이란, 말로 표현할 수 없을 만큼 이상한 것이었지요.

그러던 어느 날이었어요. 나만을 보고 있는 것은 아니었지만, 나를 비롯한 학교 안의 상황을 감시하고 있는 느낌이 또 드는 게 아니겠어요? 농약을 친 그 사람 말고 또 다른 어떤 사람이 있다는 것 말이에요.

또 다른 한 명도 마침내 나타난 것이었지요.

그러고 보면 대결이 시작된 것이었어요. 서로 다른 두 사람의 시선이 나를 향해 있었고, 그런 느낌이 점점 더 세게 들기 시작했지요.

이때부터였어요. 팽팽한 긴장감이 감돌기 시작했던 것은.

서로가 서로를 의식하며 나를 노려보는 시선의 불꽃이 마침내 불타오르기 시작했어요. 아니, 어쩌면 작년부터 시작된 싸움이 다시 또 시작된 것이었는지도 모르겠네요.

그랬어요. 이 두 사람의 싸움은 분명 작년부터 시작되었지요. 그러니 작년부터 시작되었다고 해야 옳은지도 모르겠어요.

하나의 느낌이 확인되자, 그와는 또 다른 느낌이 구별되는 것이었어요. 서로 다른 느낌이 있다는 것이 말이에요.

어쩌면, 작년에도 그랬을 거예요. 농약을 친 그 사람 말고 또 다른 사람이, 그러니까 진짜 범인이 따로 있었고, 그 사람이 풍기는 그 사람만의 어떤 느낌이 있었을 텐데…. 그때는 처음이라 잘 몰랐을 뿐이었겠죠.

지금 다시 그때를 되새겨 보고 느낌을 비교해 보니 서로 다르다는 것을 확실히 알겠더라고요.

그리고 지금 느껴지고 있는 이 느낌은 그때 그 범인의 느낌이 분명했어요. 이런 느낌을 다른 말로 표현해 보면 범인의 냄새라고 해야 할까요? 아무튼 그런 느낌이었어요. 그런 느낌이 느껴지기 시작한 것이었지요.

그렇지만 작년에는 잘 몰랐기 때문에 올해에도 처음에는 농약을 친 사람이 바로 범인이라고 오해를 했던 것이었어요. 또 다른 사람이 있다는 것만 알았어도 그런 오해는 하지 않았었을 텐데 말이에요.

아무튼 작년에는 농약을 친 사람이 아닌 또 다른 사람이 있었고, 그 사람만의 느낌이 있었는지조차 알아차리지 못한 채 당해 버리고 말았던 것이었죠. 바보처럼 말이에요.

그것도 그날 밤, 그러니까 약을 쳤던 바로 그날 밤 당하고 만 것이었어요. 그날 밤 다 털려 버렸던 것이었어요. 나의 꿈이 말이에요.

17 농약이 묻은 살구를 왜 털어 갔을까?

그때를 생각해 보면 지금도 이해가 되지 않는 점이 있었어요.

'분명 작년에는 약은 치지 않았지만, 그 사실을 알고 있는 사람은 약을 친 바로 그 사람뿐이었을 텐데….

그리고 그 이외의 사람들은, 약을 쳤다는 팻말이 붙어 있었기 때문에 다들 그렇게 알고 있었을 테고….

그렇게 알고 있었다면 약이, 그것도 몸에 해로운 농약이 잔뜩 묻어 있다는 것을 알고 있었다면, 따 간들 먹지도 못했을 텐데, 뭘 어떻게 하려고 했던 것일까?'

바로 이런 것이 이해가 되지 않는 점이었지요. 그런 까닭으로 다시 또 이렇게 되새겨 보는 것이에요. 나의 꿈을 왜 꺾어 놓았는지, 그 이유가 무척 궁금했거든요.

'하긴 뭐 그 팻말을 보지 못했을 수도 있고…. 나처럼 글씨를 못 읽는 사람이 한 짓일 수도 있잖아.'

가장 먼저 이런 생각부터 해 봤어요.

'글씨를 못 읽는 사람…. 설마! 그런 사람이 있었을까?'

아무리 생각을 해 봐도 글씨를 못 읽는 사람이 범인은 아닌 것 같았어요. 팻말을 써 붙인 바로 그날 당했다는 것을 생각해 보면 말이에요.

이를테면, 농약을 친 바로 그날 당했다는 것은 허점을 노렸다는 것이었거든요. 그러니까 농약을 친 그 사람의 허점을 노린 것이 분명했어요.

'팻말을 써 붙였기 때문에 어느 누구도 가까이 오지 않겠지. 설마! 농약이 잔뜩 묻어 있는 살구를 몰래 따 가겠어? 오늘은, 특히 오늘 밤만큼은 안심하고 한숨 자도 되겠지.'

이런 허점을 말이에요. 이런 생각으로 그날은 감시를 하지 않았을 테고, 그런 허점을 그 사람은 노렸다는 거예요. 마음 놓고 편안하게 자고 있는 그 틈을 말이에요.

그리고 그 사람은 그날 나의 열매에는 실제로는 약을 치지 않았다는 사실도 알고 있었는지도 몰라요. 어쩌면, 농약을 치는 모습을 멀리서 지켜보고 있었을 수도 있는 일이었거든요.

'아하! 저기에는 약을 치지 않는구나! 옳지. 좋아. 그럼 오늘 밤

에….'

그 사람은 느긋한 미소를 지으며 그날 밤 털어 갔을 수도 있지 않았을까요?

그랬을 거예요. 그리고 그런 생각은 멋지게 성공했을 테고 말이죠. 결과적으로 보면, 작년에 감쪽같이 털렸으니 성공했다고 봐야겠지요.

그렇다면, 그렇다면 말이에요. 그다음, 그 사람은 털어 간 살구를 어떻게 처리했을까요? 바람을 타고 날아온 농약이 잔뜩 묻어 있을지도 모르는 그 살구를 말이에요. 설마 먹었을까요?

그렇지는 않았을 거예요. 아무리 생각을 해 봐도 그렇지는 않았을 것 같아요. 그 사람은 상대방의 허점을 노릴 만큼 영리한 사람인지라, 그런 무모한 짓은 하지 않았을 것 같거든요.

먹고는 싶었지만 차마 그러지는 못했을 거예요. 그렇다면 그다음은, 어떻게 했을까요?

내가 먹지 못한다면…. 내가 먹을 수 없다면…. 내가 먹을 수 없는 것이라면….

그렇다고 하여 그냥 버리지는 않았을 것 같았어요. 버릴 것이라면 따 가지도 않았겠죠? 필요도 없는 것을 왜 따 갔겠어요? 그것도 한밤중에, 몰래 들어와서…. 허락도 없이 말이에요.

자칫하면 도둑으로 몰릴지도 모르는 그런 엄청난 모험을 할 필요가 있었을까요?

무엇인지는 모르겠지만 분명 필요했기 때문에 그런 모험을 했을 거예요. 그런 모험을 걸 만큼, 아니 그 이상으로 나의 살구를 꼭 필요로 했다고 봐야겠죠.

그렇다면 말이에요. 먹지는 못하더라도 꼭 필요하니까 따 갔다는 말이 되는데…. 그렇다면 그 사람에게는 뭐가 그렇게 꼭 필요했을까요?

그러고 보면 그 무엇인가가 그렇게 꼭 필요했었는지는 뻔한 것이었어요. 뻔한 것….

그랬어요. 그렇겠네요. 그것밖에 없었어요.

아무튼 그 순간 왠지는 모르겠지만 그런 생각이 번쩍 들었어요.

그런 사람은, 돈이 되는 일이라면 무슨 일이든 다 하는 사람일 것 같다는 생각이 들었던 것이죠.

주인이 없다면, 먼저 발견했다면 자기 것으로 생각하고 함부로 따 가고 가져가는 그런 사람들은 남의 것이라 할지라도 누군가 보지 않으면 그렇게 가져가려 하지 않을까요? 조금이라도 이득이 된다고 생각된다면 말이에요.

결국에는 그 사람도 그런 이득을 보기 위해 그런 짓을 한 것이 아니겠어요? 농약이 묻어 있든, 묻어 있지 않든 그런 살구라도 돈이 될 수 있으니까 나의 꿈을 짓밟은 것이 아닐까요?

이런 방향으로 생각이 점점 더 좁혀지자, 그 사람이 나의 살구를 어떻게 처리했는지도 쉽게 짐작할 수 있었지요. 그런 짐작만으로도 소름이 돋고 몸서리가 쳐지는 것이었어요.

 남의 것도 훔쳐서라도 갖고 싶은 욕심으로 가득 차 있는 그 사람의 마음을 들여다보면 쉽게 알아낼 수 있었지요. 뻔한 것이었거든요.

 집으로 돌아간 그 사람은 살구 열매를 하루나 이틀 정도 물에 담가 놓고 깨끗이 씻었을 테고, 그렇게 씻은 다음 시장에 내다 팔았을 거예요.

그런 식으로 팔아 본 결과 돈이 좀 되었기 때문에 올해에도 또 그렇게 털어 간 것이 아니었을까요?

'배탈 나지 않을 정도로만 씻어 시장에 내다 판다. 다른 사람들이야 어찌 되었든 나는 돈을 벌었으니 좋고, 나만 좋으면 좋은 것이니까 그것으로 좋은 것이다. 좋은 것….'

이를테면 이와 같은 생각으로 따 갔을 거예요. 분명, 그 사람은 그랬을 거예요.

아무튼 올해에도 다 털리고 말았어요. 그와 같은 욕심으로 가득 차 있는 그 사람에게 고스란히 당하고 말았지요. 작년과 똑같은 수법으로 말이에요.

그런 식으로 나의 꿈은 또 꺾이고 말았어요. 더 큰사람으로 피어나고자 했던 나의 꿈도 그렇게 꺾이고 만 것이었지요.

그러고 보면, 도둑을 잡으려고 하는 사람과 도둑질을 하려고 하는 사람의 싸움에서 도둑질을 하려고 하는 사람이 이긴 것이었지요. 욕심과 욕심의 불꽃같은 대결은 이렇게 끝났지요. 결과적으로는 말이에요.

그런데 말이에요.

불꽃같은 대결에서 튀어나온 그 불똥은…, 왜 나에게 튄 것일까요?

내가 만든 살구를 갖고 자기네들끼리 싸우고, 또 싸웠으면 싸웠지…. 그 불똥이 왜 나한테 튄 것일까요?

도둑 같은 사람과 실제 도둑이 싸웠으면 싸웠지.

난 아무런 잘못도 안 했는데 말이에요. 그 살구들은 나의 것이었는데…. 나는 그 살구를 통하여 나의 꿈을 더 크게 펼치고자 했을 뿐이었는데 말이에요.

살구의 주인인 나의 의사는 한 번도 물어보지도 않고….

자기네들끼리 서로 싸우고, 서로 차지하기 위해 속임수를 쓰고, 그 속임수의 허점을 노리고, 그다음에는 더 큰 속임수를 써서 시장에 내다 팔고….

자기네들끼리 싸웠으면 자기네들끼리 끝내야지, 왜 마지막의 불똥은 나한테 튀어야만 했던 것일까요?

난 그 이유를 모르겠어요. 난 그 생각만 하면, 억울해서…. 눈물만이 나온답니다.

나의 열매가, 나의 열매살이 너무 맛있었기 때문에 당해야만 했던 것일까요?

애벌레를 구해 줬던 그 맛 때문에, 지나가던 아이들의 군침을 자아냈던 그 고운 빛깔 때문에 당해야만 했던 것일까요?

지금도 모르겠어요. 왜 내가 당해야만 했는지를, 그네들의 불똥이 왜 나에게 튀었어야 했는지, 그 이유를 정말 모르겠더라고요.

지금까지는 그 이유를 알기 위해 그때 당했던 일들과 왜 그런 행동을 하게 되었는지에 대해 짚어 본 것이었어요.

그리고 지금부터는 올해 일어났던 일을 말해 보려 해요. 더 크게 피어나고자 했던 나의 꿈이, 그 소중한 꿈이 끔찍하게 꺾여 버렸기 때문에, 그뿐 아니라 나의 가장 소중한 목숨마저 잃었기 때문에 꼼꼼히 짚어 보려고 해요. 그다음에 어떤 일이 일어났는지도 말이에요.

어린이 여러분! 지금부터가 중요한 부분인데 잘 들어 줄 수 있죠?

⑱ 모처럼 한 몸, 한뜻이 되었는데

간밤에는 빗방울이 엄청 쏟아졌답니다. 새벽에는 좀 잦아들었지만 말이에요.

그래도 부슬부슬 내려오는 빗방울은 나의 온몸을 시원하게 적셔 주었지요. 그래서 그런지, 한꺼번에 졸음이 밀려왔어요.

그렇지만 바로 그날 새벽에 나를 감시하고 있던 두 눈동자의 운명이 서로 달라졌어요. 팽팽하던 균형은 마침내 깨졌어요. 작년부터 계속되었던 긴장감의 불꽃이 마침내 맞붙은 것이었지요.

그날은 나도 피곤해서 잠에 곯아떨어져 있었는데, 글쎄 내 몸을 타고 올라오는 어떤 것이 있었어요.

잠에서 깨어난 나는 깜짝 놀랐어요. 징그러웠어요. 더럽고 벌레만도 못한 어떤 것이 나의 몸을 슬금슬금 기어 올라오고 있었거든요.

나는 몇 번이고 외쳤어요. 다가오지 말라고 몇 번이고 외쳤어요.

나는 나 자신을 지키기 위해 온 힘을 다했어요. 나는 나의 아기씨를 지키기 위해 온 힘을 다했어요. 그렇지만 아무런 소용도 없었지요.

벌레만도 못한 것이, 아주 크고 무거운 어떤 것이 숨소리를 죽이며 기어 올라와서는 하나둘씩 나의 소중한 아기씨들을 몰래몰래 따내는

것이었어요.

그러고 보니 사람 같았어요. 처음에는 네 발 달린 짐승인 줄 알았는데, 곰곰 생각해 보니 그런 것이 아니었어요.

지금까지의 경험으로 볼 때 무거운 것도, 그렇게 많은 것을 한꺼번에 따낼 수 있는 것도 사람밖에 없었거든요. 그것도 어른 말이에요.

그 사람은 그렇게 올라와서는 나의 소중한 것들을 비틀어 따내더니 더럽디더러운 자루에 넣었지요.

큰 것이든 작은 것이든 가릴 것 없이, 무조건 처넣었어요. 잘 익은 것이든, 덜 익은 것이든 상관없이 마구 집어넣는 것이었어요.

그런 다음 감쪽같이 사라졌답니다.

나의 아기씨와 열매살이 잘 익은 열매를 모두 가져가면서도 말이에요. 고맙다는 말은 한마디도 안 하는 거 있죠?

처음 내가 키워 온 살구의 열매살을 파먹었던 그 애벌레는 최소한 그러지는 않았어요. 열매살에서 나오면서 고맙다는 말을 했어요. 나비가 되어 날아갈 때는 너무 맛있어서 살아났다고 말하면서 날아갔지요.

행복한 표정으로 씩 웃으면서 말이에요. 그때 나는 얼마나 행복했는지 몰라요. 서로 돕는 것뿐 아니라 이처럼 작은 인사말 한마디로 행복해질 수 있다는 것도 알게 되었지요.

그런데 말이에요. 어찌 된 일인지, 이 사람은 나의 아기씨와 열매살을 모두 가져가면서도 그런 말은 한마디도 하지 않았어요. 한 개도 아니고 그토록 많은 것을 다 가져가면서도 고맙다는 말 한마디 없는 것 있죠?

그런 식이었지요.

그리고 그다음 날 아이들의 태도도 좀 이상했어요. 다 털린 나를 보며 시무룩한 표정을 지어야 하는데, '누가 또 이런 짓을 했지?'라는 표정으로 분노를 드러내야 하는데 그렇지가 않았거든요. 처음에는 좀 그런 것도 같았는데, 전혀 그런 것이 아니었어요.

그렇지만 말이에요. 안 좋은 일만 있었던 것은 아니에요. 그날은 정말 불행한 날이었지만, 그래도 그다음 날은 가장 행복한 날이 되었지요.

왜냐고요? 나를 알아주는 어떤 아이를 처음으로 만났거든요. 그리고 그 덕분에 나의 꿈이 더 크게 자라날 가능성을 보았기 때문에 가장 행복한 날이 되었답니다.

어떤 일이 일어났냐고요?

그다음 날, 귀엽고 사랑스러운 아이들이 우르르 몰려왔어요. 그런데 잘 살펴보니 아이들만 온 것이 아니었어요. 어른도 한 명 있는 것이 아니겠어요?

누구였냐고요?

그래요. 그분은 다름 아닌 우리 선생님이셨죠. 우리 아이들을 바른길로 이끌어 주시는 선생님!

현장체험학습인지 뭔지는 모르겠지만 나를 보러 오신 담임 선생님의 등장으로 황당함도 아픔도 모두 날아가 버렸답니다.

나의 초라한 모습을 보고 선생님은 잠시 생각에 잠기시는가 싶더니 이렇게 말씀하셨어요. 아주 밝은 표정으로 말이에요.

"그 살구는 다 익었기 때문에 학교에서 딴 다음, 냉장고에 보관하고 있는 중이에요."

"보관한 다음에는 어떻게 하나요?"

달콤한 맛을 맛볼 수 있다는 한 가닥의 희망이 생겼기 때문인지 어떤 아이가 이런 질문을 하는 것이었어요.

"그다음에는 우리들의 급식에도 올라올 테니 기다려 보세요. 식단을 보니, 어쩌면 오늘일지도 모르겠어요."

고개를 끄덕이며 군침을 삼키는 아이들의 목청을 물끄러미 바라보며 선생님은 차분하게 말씀을 계속하셨지요.

"여러분은 그동안 나의 꽃, 나의 나무로써 여기 있는 이 꽃들이나 나무들과 사귀면서, 이름도 불러 주고, 사진도 같이 찍고 하면서 많은 것을 배웠을 텐데, 그중에서도 서로 돕고 더불어 사는 삶에 대해 많은 것을 배웠을 거예요.

오늘은 그 친구들과 한 몸과 한뜻이 되는 날이에요. 그중에서도 이 살구나무는 우리들을 위해 하루도 쉬지 않고 아기씨와 열매살을 만들어 왔어요. 그리고 이 나무는 서로 돕고 어울려 사는 삶을 우리들에게 보여 줬을 거예요.

그렇게 정성을 들여 만들어 온 열매살은 우리가 먹음으로써 소화가 되고, 그렇게 소화되어 만들어진 영양분은 또 우리의 뼈와 살의 일부가 되지요. 그 덕분에 우리는 더욱더 튼튼한 사람으로 자라나게 되는 것이고요.

그리고 좀 있으면 점심시간이 될 텐데, 그때는 살구의 열매살을 먹으면서 나무의 노력과 정성에 고마워하고 그 삶을 본받도록 노력해 봅시다."

"그러면 선생님! 그 살구의 열매살이 소화되어 제 살의 일부가 되었다면 그 살구나무와 저는 어떤 관계가 되는 것인가요?"

"그래요. 그러면 우리는 우리의 몸을 몸이라고 하는데, 왜 몸이라고 하는지 그 말뜻을 알아봅시다."

"몸이요?"

'몸이면 몸이지, 그곳에 무슨 뜻을 들어 있겠어.'라는 생각으로 멍하니 서 있는 아이도 있었어요. 그렇지만 선생님의 말씀은 진지했어요. 그런 아이도 알아들을 수 있도록 온 힘을 다 쏟아부으셨죠.

"예. 몸이란 말은 '모음'이란 말이 줄어 생겨난 말로 보면 그 뜻을 쉽게 알 수 있을 것 같아요. 모음, 즉 '모으다'라는 뜻에서 생겨났다는 말이에요. 둘레의 것들을 먹고, 소화시키고, 그렇게 모은 영양분으로 우리의 몸을 아름답게 가꾸어 가는 것이지요. 그런 식으로 모으고 또 모아 자라난 것이 몸이고, 그런 몸이 되도록 도움을 준 것들 중 하나가 오늘 우리가 먹게 될 살구 열매라고 봐요. 살구나무는 새콤달콤한 열매를 통해 우리의 몸에 필요한 영양분을 줄 테니까요. 그렇지 않은가요?"

"그렇군요. 선생님! 우리 몸의 일부로 봐도 되겠네요."

현지도 알아들었다는 듯 고개를 끄덕였어요.

"아주 잘 말했어요. 그래요. 그렇지요. 그리고 살구나무는 비록 나무이지만 열매를 통해 우리들, 즉 우리들의 몸을 키우는 데 큰 도움을 주고 그 대신 사람들은 그 씨앗을 다른 곳으로 옮겨 주며 그곳에서 잘 자라도록 가꾸어 줘요. 이렇게 살구나무와 사람은 서로 돕고 어울리며 살아가고 있지요.

그렇지만 이런 것은 교과서에 나오는 이야기일 뿐이고, 실제로는 더 많은 것을 배웠을 겁니다. 한 그루의 나무를 나무가 아니라 나의 가장 친한 친구로 여기면서 좀 더 가까이에서 그 삶을 살펴보았다면 이보다 더 큰 것을 배웠을 것으로 생각됩니다.

여기 있는 이 멋진 살구나무를 통해 이 같은 것을 배웠다면 선생님이 의도했던 나의 꽃, 나의 나무 프로그램은 어느 정도는 성공한 것이에요.

선생님은 그 프로그램을 통하여 나무가 살아가는 삶을 이해하고 나무가 지닌 덕을 본받고, 더 나아가서는 사람과 식물, 식물과 사람이 서로 돕고 어울려 사는 삶을 가르쳐 주려 했던 것이었는데…. 잘 되었어요."

선생님의 말씀을 듣고 아이들은 말없이 고개만 끄덕였어요. 이해를 했다는 듯이 말이에요. 그런데 그중에는 '그렇게 깊은 뜻이 있었어.'라는 것을 지금에 와서 깨달은 친구도 분명 있었을 거예요.

어쩌면, 이런 아이들이 더 많았을지도 모르죠. 그전에도 보면 꽤 많은 아이들이 뚜렷한 목적 없이 이리저리 우르르 몰려다니고 있었던 것처럼 보였거든요. 그런 아이들은 분명 한 학기가 다 끝나 갈 무렵인 지금에서야 깨달았을 것 같아요.

"그래요. 여러분! 오늘은 우리가 그동안 사귀어 온 이 나무 친구와 한 몸, 한뜻이 되는 날이에요.

이 나무의 열매와 이 나무가 쌓은 덕을 통해 서로가 한 몸이 되고 한뜻이 되는 날이니, 앞으로 이 살구나무를 보면 이제부터는 친구가 아니라 자신의 몸처럼, 같은 뜻을 갖고 살아가는 한 가족처럼 반겨 주세요.[1]

---

1 몸이란 낱말은 '모음(모으다+음)'으로서 '모으다'에 바탕을 둔 말이다. '모으다'의 바탕이 되는 '모'는 한 점을 말한다. 모든 생명체는 그 속에 담긴 이 한 점(생명)을 중심으로 둘레의 것을 모은다. 즉, 소화나 광합성을 통하여 둘레의 것을 모으고 그렇게 모은 영양분으로 그 한 점을 키워 나간다. 그렇다고 하여 몸이 늘 모으고 받기만 하는 것은 아니다. 받은 만큼 자신의 소중한 것을 베풀며 살아간다. 이런 베풂은 덕이 되고, 그런 덕을 바탕으로 각각의 생명체는 더 큰 우리를 이루어 간다. 이처럼 몸은 둘레의 것들과 떼려야 뗄 수 없는 관계를 맺는다. 몸이란 말에 담긴 이런 슬기를 이해했다면 '둘레의 것들을 자신의 몸처럼 여기고 한 가족처럼 반겨야 한다.'라는 말도 쉽게 이해할 수 있을 것 같다.

그리고 이 나무를 그런 식으로 좀 더 잘 보살펴 줘야 할 텐데, 그렇게 할 수 있겠죠?"

"넵!"

지금 다시 떠올려 봐도 너무 멋진 모습이었어요. 그처럼 아름다운 말씀이 또 어디에 있을까요?

나 또한 선생님의 칭찬과 격려에 너무 행복한 나머지 몸 둘 바를 몰랐답니다.

그 일이 있어 그런지, 그다음부터는 아이들의 태도가 많이 달라졌더라고요. 처음에는 시무룩한 표정을 짓다가 이내 곧 밝은 표정을 짓게 된 이유도 알 것 같았고요.

다 털린 모습을 본 선생님이 말씀의 방향을 슬쩍 돌려 참으로 멋진 말씀을 해 주신 것 같았거든요.

초라하기 그지없는 나의 모습을 보고 우리 아이들이 실망할까 봐, 학교에서 수확하여 냉장고에 보관하고 있는 중이라고 말이에요.

물론 급식으로 나온 살구는 학교급식비로 산 것일 테지만 말이죠.

그런 속사정을 모르는 아이들은 나의 열매라고 생각했고, 그것을 맛나게 먹고는 나를 친구로, 아니 친구보다 더 소중한 것으로 생각하게 되었는지도….

아무튼 그 이후부터는 더 많은 아이들이 내가 그들의 한 부분이라도 된 것처럼 다정하고 소중하게 대해 주었어요. 이와 같이, 아이들의 마음이나 태도가 싹 바뀐 것이었죠.

그전에는 그저 제멋대로 이름을 붙이고 그 이름만 부르더니, 그런 것도 달라졌고요.

그렇기 때문인지 어떤 아이가 다가오더니,

"내 이름은 현지야. 너의 이름은 뭐니?"

라고 물어보는 것이 아니겠어요?

얼마나 반가운 말이었는지 모르겠어요.

그 말은 내가 이곳으로 옮겨 와서 처음 들어 보는 말이었지요. 나에게 나의 이름이 무엇인지 물어보는 친구는 현지라는 이 아이가 처음이었어요.

나는 너무도 반가워, 어제의 그 슬픔과 허탈감도 잊어버린 채, 다시 한 번 용기를 내어 보기로 했어요.

선생님의 깊고 큰 배려에 고마움을 느끼며 나는 배에 힘을 주고 목소리를 가다듬었어요.

"내 이름은 예피야, 예피. 예쁘게 피어나라는 뜻이지."

나의 이름과 그 이름에 담긴 뜻을 말해 줬더니, 그랬더니 말이에요.

내 말을 정말 알아들었는지 현지가 이렇게 말하는 것이 아니겠어요?

"참! 예쁜 이름이구나! 앞으로는 그렇게 불러 줄게."

라고 말이에요. 나는 무척 기뻤어요. 주고받는 말이 통해 그런지, 예피라는 한 인격체로 인정받아 그런지, 너무너무 기뻐 눈물이 날 지경이었지요.

티 없이 깨끗한 마음은 서로 통하는 것이 아닐까요? 나무든 사람이든, 이 누리에 살아 있는 것이라면 다 같은 생명체로서 말이에요.

그리고 현지의 그 말 한마디로 인해 이 학교와 이 학교의 아이들을 다시 보기로 했어요.

제멋대로였지만 그래도 좋은 친구들이 있고, 좋은 친구들을 잘 이끌어 주시는 훌륭한 선생님들도 많이 있다고 말이에요.

어제는, 아니 몇 년 전부터는 내가 가꾸어 온 소중한 보람을 다 털려 버렸지만, 그래서 꿈마저 꺾여 버렸지만, 그 대신 그보다 더 소중한 것을 얻었어요. 앞으로는 그런 선생님이나 아이들도 많이 늘어날 것으로 생각되었거든요.

그렇다면 이 학교는, 아니 이 세상은 크게 좋아질 것이라는 희망을 가져도 좋을 것 같았지요.

아무튼 지난번보다는 아이들의 마음이나 태도가 많이 좋아진 것을 보면, 선생님들의 가르침이 그래도 아이들에게 많이 배어든 것 같았어요. 보통 아이들의 마음이나 태도도 전보다 훨씬 더 좋아졌거든요.

새로운 마음으로 아이들을 바라보니 나도 그 아이들과 한 몸 한뜻이 된 것처럼 느껴졌지요. 그런 느낌 때문인지 너무 기뻤어요. 아이들과 꿈을 함께한다는 기쁨 말이에요.

아! 그렇군요.

이제는 '한 몸이 된 것처럼'이 아니라, '한 몸이 되었기 때문에'라고 말해야 되겠네요. 또한 '한뜻이 된 것처럼'이 아니라, '한뜻이 된 덕분에'라고 말해야 할 것 같아요. 나와 아이들은 우리로서 더 크게 자라났으니까요. 더 큰 꿈을 꿀 수 있고, 더 예쁘게 피어날 수 있게 되었으니까요.

 이날은 이처럼 새로운 가능성을 봤기 때문에 행복한 날이었어요. 더 큰 가능성을 봤기 때문에 정말 행복한 날이 되었지요.

 그리고 이날처럼 행복한 날은 더 이상 없었어요.

⑲ 잘려 나간 나의 밑동, 꺾인 나의 꿈

가장 큰 문제, 그러니까 가장 큰 위험은 바로 그날 저녁에 다가왔어요.

그리고 나의 밑동을 자른 범인은 바로 그 사람이었고요. 거짓 팻말을 붙여 놓고 나의 열매를 훔쳐 간 그 사람 말이에요. 결과부터 말을 하자면 그랬어요.

궁금하다고요? 조금만 기다리세요. 이제부터는 그 이야기를 해 드릴게요.

그날 아침에도 그 사람이 제일 먼저 나에게 달려왔지요. 나를 보고는 황당한 표정을 짓는 것이었어요. 그러더니 고개를 갸우뚱하는 게 아니겠어요?

그런데 이번에는 좀 이상했어요. 이유를 알 수 없는 두려움이 느껴지는 것이었어요.

눈에서는 불길이 일어나고 있었고요. 분노의 불길이….

'도대체 어떤 놈이….'

어이없음에 분을 참지 못하는 것 같았어요.

그렇다고 하여 나의 살구가 학교의 물건이었기 때문에, 학교의 물건이 도둑맞았기 때문에 그 사람이 그처럼 화를 내고 있는 것 같지는 않았어요. 그런 느낌은 아니었거든요.

사실 난 그 사람이 왜 그렇게 화가 났는지 그 이유를 모르겠어요. 지금도 이해가 되지 않아요.

나를 그렇게 한 이유도 모르겠지만, 그때 그 사람은 어쩌면 이런 생각을 하고 있었는지도 모르겠네요.

'작년에 왔던 그 사람일까? 그렇다. 그 사람의 소행인지도….'

이런 쪽으로만 생각을 해서 그런지, 그 사람은 정말 이런 생각을 하고 있는 것처럼 보였지요.

누구인지는 모르겠지만 그 사람에게 졌기 때문에, 올해에도 감쪽같이 당했기 때문에 그토록 화를 내고 있었는지도 모르는 일이었지요.

어둠이 깔릴 무렵, 그 사람이 가까이 다가왔어요. 본능적으로 나는 위험하다고 느꼈어요.

"안 돼! 오지 마! 가까이 오지 마!"

나는 외치고 또 외쳤어요. 정말이지 목이 터져라 외쳤답니다. 그렇지만 그 사람은 아랑곳하지 않았어요. 아무렇지도 않은 듯 점점 더 가까이 다가왔지요.

"안 돼! 안 돼! 저건…. 안 돼!"

위험을 직감했어요. 아주 큰 위험을 말이에요.

'저것은.'

그 사람의 손이 좀 이상하다는 것을 알아차렸을 때는 왠지 모르게 덜덜덜 떨리는 그런 느낌이었지요. 이리저리 뿌리째 흔들리는 느낌 말이에요. 온몸의 솜털과 나뭇잎이 바짝 곤두서는 그런 느낌이었어요.

그 사람은 어딘가 좀 이상했어요. 그중에서도 그 손이 너무 이상했어요. 농약을 뿌릴 때의 손과는 달랐어요. 그때는 가늘고 길쭉하게 생긴 손을 높이 쳐들더니 그곳에서 물방울이, 아주 작은 물방울이 뿜어져 나왔었거든요.

그런데 이번에는 달랐어요. 흉측했어요. 흉측하게 생긴 그 손톱은 무시무시할 만큼 뾰족뾰족했어요. 아주 날카로운 빛을 내면서 말이에요.

보기만 해도 섬뜩하고 온몸이 덜덜 떨렸어요. 죽을지도 모른다는 위기감은 점점 더 커졌지요. 그러다 끝내 참을 수 없을 만큼 커졌어요.

아니나 다를까요? 조금 있으려니 그런 흉측한 손톱을 내 몸에 갖다 대는 것이었어요.

"안 돼! 저리 가! 빨리 저리 가!"

이렇게 힘껏 외쳤어요. 무엇인가가 나의 몸을 파고드는 위험한 상황에서 나는 온 힘을 다해 외쳤지요.

그렇지만 그 말은 통하지 않는 것 같았어요. 원통한 일이었지만 사실이었어요.

만약 나에게도 저들과 같은 발이 달려 있었다면 벌써 저 멀리 도망쳤을 거예요. 아주 멀리 말이에요.

그렇지만 그럴 수가 없었어요. 나에게는 그런 발이 없었으니까요. 달릴 수 있는 발은 하나도 없었어요.

나의 발은 땅속 깊이 박혀 있는 뿌리였어요. 위기 상황에 처했을 때 이처럼 쓸모없는 발도 없겠지요.

그런 까닭으로 또다시 당할 수밖에 없었지요. 그전처럼 말이에요.

이번에는 현지라는 아이에게 도움을 요청하고 싶었지만 나에게는

 그럴 만한 수단이 없었어요. 위기 상황을 벗어날 만큼 좋은 방법은 하나도 없었지요.
 나의 외침도 듣지 않으려는 듯 그 사람은 나에게 아주 가까이 다가왔고, 뾰족하게 생긴 톱니를 나의 밑동에 대고는….
 그다음에 일어난 일은 더 이상 말 못할 만큼 끔찍해요.

그래도 진실을 밝히기 위해 말하자면, 그 톱니에 걸려 내 몸의 반의반 이상이 잘려 나갔지요.

톱니가 나의 몸에 들어올 때마다 비명을 질렀어요.

반의반 이상이 잘려 나간 다음, 그 톱니는 멈췄어요. 그런 다음에 소리 없이 나의 몸에서 빠져나갔지요.

나는 가까스로 나의 몸을 지탱할 수 있었어요.

그렇지만 그것도 잠시뿐…. 나는 그만 정신을 잃고 말았답니다.

그런 와중에도 수분은 점점 더 내 몸에서 빠져나갔어요. 쉴 새 없이 빠져나갔지요. 마치 수도꼭지를 틀어 놓은 듯 그렇게 빠른 속도로 빠져나가는 것이었어요.

잘린 아랫부분에서는 그런 일이 일어났고, 그 윗부분에서는 정반대의 일이 일어나고 있었어요.

잘린 윗부분은 수분의 공급을 받지 못하게 된 것이었어요. 수분이 끊긴 윗부분은 점점 더 시들어 갔지요.

윗부분은 시들고 아랫부분은 흘러넘치고….

윗부분은 시든 채 말라 가고 있었고, 그와는 반대로 아랫부분은 너무도 많은 수분이 흘러넘치고 있었어요. 이미 만들어 놓은 수분이 갈 길을 잃고 잘려 나간 부분을 통해 몸 밖으로 뿜어져 나온 것이었지요.

정신을 잃어버린 나는 몸의 균형이 무너진 줄도 모른 채 조금씩 죽어 가고 있었죠.

죽어 가면서도 드는 생각은 딱 하나였어요.

'왜 내가 죽어야 하는 것인가?'

처음에는 이런 생각이 들었어요. 그렇지만 그보다 더 중요한 생각이 솟구쳐 올라왔어요.

'내 꿈은 왜 이렇게 꺾여야 하는 것일까?

왜 나인가?

더 크게 돕고, 더 크게 어울리고…. 더 예쁘게 피어나고 싶었는데….'

억울하기 짝이 없는 일이었지요. 그리고 마지막의 마지막에는 이런 생각이 들었어요.

'죽는 것이 내 운명이라면 받아들여야 하겠지만, 그래도 내 꿈은, 더 예쁘게 피어나고자 하는 내 꿈은 어떻게 되는 것일까? 내 꿈도 이대로 죽어야 하는 것인가?'

내 꿈의 결말에 대해 생각을 하고 있는데, 이런 말이 들려왔어요. 농약을 쳤던 그 사람의 말이 말이에요.

"아! 시원하다. 나 몰래…. 내 살구를 따 갔어. 허락도 없이 내 살구를…."

나는 정신도 없고, 죽어 가고 있었지만 그런 혼란한 틈에서도 그 말만큼은 확실하게 들려왔어요. 그리고 깨달았지요. 왜 내가 죽어야 하는지를 말이에요.

그러고 보면, 나의 살구를 털어 간 그놈에게, 밖에서 들어온 그 도둑놈에게 해야 할 복수를 나에게 한 것 같았어요. 2년 동안 쌓인 울분을 나에게 쏟아 낸 것이었지요. 엉뚱하게도 말이에요. 어처구니없게도 말이에요.

더 깊이 파헤쳐 보면, 남의 것을 갖고자 하는 그 사람의 욕심이 나를 망쳐 놓은 것이었지요. 서로 도우며 더 크게 어울려 사는 법을 배우지 못했기 때문에 한 사람의 삶을 망쳐 놓고도 양심의 가책을 느끼지 못하는 것이겠지요.

그 순간 난 그 모든 것을 깨달았어요. 때는 늦었지만 말이에요.

그다음 그 사람은,

"이젠 더 이상 못 훔쳐 가겠지? 이제는 더 이상…."

이라고 말하고는 침을 탁 뱉었어요.

그러고는 돌아갔어요. 씩씩거리면서 어디론가 가 버렸지요. 아무렇지도 않다는 듯이 말이에요. 아무런 일도 없었다는 듯이 말이에요.

그랬어요. 그래요. 그것이 전부였어요.

결국에는 나만 당한 것이었죠. 열매도 다 털리고, 몸뚱이마저 잘리고…, 삶도 꿈도 다 사라지고 말았지요.

왜 하필이면 오늘이었을까요?

말도 통하고 뜻도 통하는 현지를 만나 정말 행복했고, 새로운 희망에 부풀어 있었는데…. 지금까지 오늘만큼 행복한 날은 한 번도 없었는데 말이에요.

더 크게 돕고 더 크게 어울릴 수 있다는 희망을 보게 되었는데···.
더 예쁘게 피어날 수 있다는 새로운 꿈을 꿀 수 있었는데 말이에요.
아이들과 우리로서 하나가 된 너무도 행복한 날이었는데···.

20 믿기지 않을 만큼 신비로운 일

어찌할 바를 몰랐어요.

갑자기 당한 봉변이라 어찌할 바를 모르고 헤매고 있는데, 생각해 보면 생각해 볼수록 정말 억울하기 짝이 없는 일이었지요.

죽게 된 것이 억울한 것이 아니라, 나의 꿈이 꺾인 것이 억울하고 원통한 일이었지요.

나의 몸은 서서히 말라 가고 있었지만 나는 최대한 버텨 봤어요. 정신을 잃기도 하고 차리기도 하면서 죽을 고비를 몇 번이나 넘기면서 말이에요.

그렇지만 결국에는 죽고 말 거예요. 남아 있는 반의반의 껍질로는 어쩔 수 없었거든요. 위에 있는 줄기와 가지를 다 살릴 수는 없는 일이었으니까요.

살리다가, 온 힘을 다해 살려 보려다가 결국에는 다 죽고 말거예요. 몸의 불균형으로 인해 말이죠.

처음에는 윗부분이 먼저 죽을 것이고, 그다음에는 아랫부분도 서서히 죽을 거예요. 문제는 언제까지 버틸 수 있을까 하는 점이었죠.

얼마나 더 버틸지는 모르겠지만 결국에는 말라 죽고 말 거라는 점만큼은 부정할 수 없는 일이었지요.

그렇다고 하여 이대로 죽을 수는 없었어요. 너무 억울하고 원통해서 죽을 수가 없었던 것이에요.

어느 한 도둑에게는 애지중지하면서 키워 온 나의 아기씨와 열매살을 잃었고, 그것도 부족하여 다른 도둑에게는 나의 목숨마저 잃어버렸거든요.

그러고 보면 내가 가진 것을 모두 다 빼앗겨 버리고 만 것이었지요.

자기네들끼리 싸우면 자기네들끼리만 싸울 것이지, 왜 그 불똥이 나에게 튀어야 하는 것일까요?

왜 엉뚱한 사람에게 튀어야 하는 것일까요? 왜 좋은 일만 하는 사람에게 튀어야 하는 것일까요?

도저히 이해할 수 없는 일이었어요.

점점 더 말라 가는 윗부분, 점점 더 수분이 빠져나가는 아랫부분 그리고 그런 불균형으로 인하여 나의 몸과 마음은 정말 엉망진창이 되고 말았어요.

그래서 며칠이 지난 지금은 정신을 차릴 수 있는 날보다는 정신을 차릴 수 없는 날이 더 많아졌답니다. 시도 때도 없이 정신을 잃곤 했으니까요.

그런데 지금은 아이들이, 특히 자기 몸의 일부처럼 생각하는 아이들이 찾아와서는 눈물을 흘리며 슬퍼하는 것이었어요.

모처럼 하나가 될 수 있어 좋았는데….

더 크게 돕고 더 크게 어울릴 수 있게 되어 행복했는데…. 더 아름다운 세상을 만들어 갈 수 있다는 희망을 보게 되어 정말 행복했는데 말이죠.

그런 꿈도 이제는 끝이 났어요. 예쁘게 피어나겠다던 나의 꿈은 그렇게 끝이 났고, 그와 함께 느꼈던 보람도, 행복도 모두 끝났어요.

그래도 마지막 희망만큼은 버리고 싶지 않았어요. 새롭게 생긴 희망 말이에요. 우리 아이들에게서 찾아낸 희망 말이에요.

그것은 바로 우리 아이들도 나와 같은 꿈을 갖고 살아갈 수 있다는 희망이지요.

나는 이제 그와 같은 희망만을 마음에 간직한 채 죽을 날을 기다리고 있었답니다. 내게는 달리 할 수 있는 일이 없었으니까요.

억울했지만 하는 수 없었지요. 내 힘으로는 어쩔 수 없는 일이 되고 말았거든요.

못다 한 나의 꿈은 이제 어린이 친구들에게 기대를 걸 수밖에요.

현지라는 아이를 비롯한 어린이 친구들을 믿어 보는 수밖에요.

어쩌면 난, 다른 어떤 나무들보다도 행복한 나무인지도 모르겠어요. 나를 알아주는 사람을 만났기 때문이죠. 나의 꿈을 이어 갈 아이들을 말이에요.

'이제 남은 꿈이 있다면…'

그때였어요. 내가 나의 마지막 꿈을 생각하며 나의 삶을 정리하고 끝내려고 할 바로 그때였어요.

그때 어떤 목소리가 들려왔지요.

"예피님!"

이보다 더 아름다운 목소리가 있을까요? 나는 나도 모르게 그 목소리에 귀를 기울였지요.

그랬더니 정말 다정한 목소리가 나의 이름을 부르고 있는 게 아니겠어요?

꿈을 꾸는 것 같았지만 사실이었어요.

고개를 들어 바라볼 만한 힘도 없었지만, 나는 마지막 남은 힘을 다해 소리가 나는 쪽을 바라보았어요.

그렇지만 어떤 모습도 보이지 않았지요. 그래도 다정다감한 목소리는 계속해서 들려왔어요.

"예피님! 예피님!"

"예."

"예피님! 예피님의 남은 꿈이 무엇인가요? 예피님의 마지막 꿈을 이루어 주도록 하겠어요."

"저는 이제 꿈이 없어요."

"그래도 마지막 꿈이 있지 않겠어요? 그 꿈이 무엇인가요?"

"저는 이제 틀렸어요. 저는 이제 죽을 거예요. 억울하게 말이에요."

"그러면 그런 억울함을 풀기 위해, 그렇게 만든 사람을 찾아내고 벌주는 것이 마지막으로 남은 꿈인가요?"

"아니에요."

나는 이렇게 말하며 고개를 가로저었지요.

그렇게도 하고 싶었지만, 그렇게 해 본들 아무런 소용이 없다는 것을 알고 있었어요. 오히려 그런 것보다 좀 더 가치 있는 무엇인가가 있을 것만 같았지요.

"그럼 무엇인가요?"

나는 마지막으로 좀 더 가치 있는 것을 생각해 봤어요. 분명 무엇인가가 꼭 있을 것만 같았거든요.

"저는 저의 이름처럼 예쁘게 피어나는 것을 보고 싶어요. 저처럼, 현지처럼, 우리 아이들도 예쁘게 피어나는 모습을. 그리고 그 아이들이 저의 꿈을 이어 가는 모습을요."

아! 그래요. 마침내 찾아냈어요. 가장 가치 있는 것을요. 가장 보고 싶은 것을 말이에요.

나는 억울하게 꺾인 나의 꿈이 어떻게 피어나고 있는지를 보고 싶

었던 것이었지요.

"알겠어요. 예피님의 꿈을 이루어 주도록 하겠어요. 예쁘게 피어나고 있는 모습을 볼 수 있도록 말이에요."

이 말이 끝나자마자 나의 몸에는 이상한 일이 일어났어요. 잘렸던 밑동이 옛날처럼 그대로 붙어 있는 것이 아니겠어요?

물길도 그대로였고 양분이 올라가는 길도 그대로였어요. 몸의 균형도 예전처럼 돌아왔지요. 시들었던 잎들도 이제는 생기가 넘쳐흐르는 것이었어요. 탐스러운 열매에 꽃도 활짝 피었고요.

그때부터는 아무런 두려움도 어떤 고통도 느껴지지 않았답니다. 마음도 편해졌고, 행복했어요. 그전처럼 말이에요.

그다음 날도 아이들이 찾아왔어요. 그렇지만 그 아이들이 이런 말을 하는 것을 듣고는 깜짝 놀랐어요.

"누가 이런 짓을 한 거야? 누가?"

이렇게 만든 범인이 원망스럽다는 듯 눈을 똥그랗게 뜬 아이들이 점점 더 시들어 가는 나의 모습을 보며 눈물을 흘리고 있었어요.

"너와 나는 이제 한 몸인데, 너의 아름다운 삶을 통해 우리로서 어울릴 수 있게 되었는데…."

"너의 삶과 덕을 더욱더 많이 본받고 싶었는데…."

이런 말을 하며 애써 눈물을 감추는 아이들도 있었어요.

"네 이름이 예피라는 것도 알게 되었고…. 세상에서 가장 예쁜 이름이라는 것도 알게 되었는데."

현지도 이런 말을 하며 눈물을 흘리고 있었어요.

사실, 아이들의 눈에 비친 나는 점점 더 시들어 가고 있었지요.

그러고 보면 나의 눈에만 쌩쌩한 것처럼 보였던 것이었어요. 이상향처럼 느껴졌고, 그렇게 살면서도 아무런 불편함이 없었지요.

그때 마지막으로 남긴 그 목소리가 한 말을 되새겨 보았어요.
이런 식으로 살아갈 날도 이제 얼마 남지 않았다고 한 그 말을 말이에요.
예전보다 더 생기발랄하게 보이는 것도 나의 눈에만 보이는 것이라고 하면서 한 말을 말이에요.
고통을 없애 줄 뿐 아니라 예피님의 꿈을 이제는 아이들이 이루어 가고, 그런 모습을 볼 수 있을 거라고 하면서 말이에요.
그러고 보니 몸과 마음이 분리된 것이었지요. 그리고 이것은 비밀이지만, 어린이 여러분들에게만 말해 드릴게요.
나는 바로 그때 태어난 요정이랍니다. 예피의 아름다운 마음이 뭉치고 뭉쳐 단단해지면서 새롭게 피어난 요정 말이에요. 그러고 보면 예피이면서 예피의 요정인 셈이죠.
그리고 나는 이런 식으로 몸과 마음이 붙어 있으면서도 서로 분리된 채 살아갈 수 있다고 했어요. 행복하게 말이에요.
1년간은 그렇게 살아갈 수 있다고 했지요. 그리고 그 말은 거짓말이 아니었지요.
잎과 줄기가 다 마르고, 밑동도 다 말라 버린 이후에도, 그 자리에서 옛날 그대로의 모습으로 살아 있을 수 있었으니까요.

그리고 그분 덕분에 더 예쁘게 피어나고 그럼으로써 아름다운 세상을 만들고자 한 나의 꿈을 그 아이들이 이어받아 이루어 가고 있는 모습을 볼 수 있게 되었답니다.

그래요. 그러고 보면 그분의 말씀이 옳았어요. 지금 이렇게 되돌아 보니 말이에요. 우리 아이들이 이 세상에서 가장 멋지고, 가장 아름다운 사람들이라고 했는데, 그 말이 딱 맞았어요.

그래서 그런지, 이제는 학교로 오게 된 것에 큰 고마움을 느낀답니다. 그러고 보면 이보다 더 큰 행운이 있을 수 있을까요?

이와 같은 마음으로, 우리 아이들의 해맑은 모습을 바라보고 있으려니 그보다 더 좋을 수는 없었지요. 그 덕분에 예정되어 있던 1년이 금방 지나간 것 같아요.

지금은 너무너무 행복해요. 더 이상 바랄 것이 없어요. 나의 마지막 꿈을 들어준 분께도 고마움을 전하고 싶어요. 그분이 누군지는 모르겠지만 말이에요.

이제는 돌아가고 싶어요.

1년이 지난 이맘때쯤이면 그분이 다시 온다고 했거든요.

엄마, 아빠가 계신 곳으로, 처음 나왔던 그곳으로 다시 돌아가게 해 주겠다고 말이에요.

아! 그래요. 그분이 왔어요. 그분이….

이젠, 안녕!

어린이 친구들, 안녕!

내 이야기를 끝까지 잘 들어 줘서 고마워요. 늘 건강하고 행복하세요.

밝은 빛과 함께 떠나가는 예피를 바라보며 예피의 요정도 날개를 활짝 펴더니, 푸른 하늘을 향해 힘차게 날아올랐어요. 행복한 웃음을 지으며 말이에요.

도움을 필요로 하는 그 누군가를 찾아 말이에요.

그리고 그 힘찬 나래에는 자신의 꿈을 더 크고 아름답게 가꾸어 갈 마음이 빛나고 있는 것 같았어요.

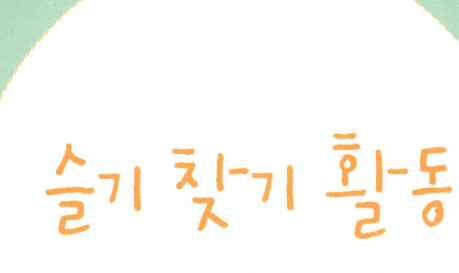

슬기 찾기 활동

Doing Philosophy

슬기란 살아가는 데 꼭 필요한 힘이다. 자신의 꿈을 키우고 둘레의 것들을 크게 도울 수 있는 힘을 말한다. 이와 같은 힘을 기르는 슬기 찾기 활동은 스스로의 힘으로도 할 수 있겠지만 둘레의 사람들과 함께하면 더 잘할 수 있다.

문제들에 대해 묻고 따지고 서로의 생각을 나눠 보는 과정을 통해 깨달음을 얻을 수 있다. 그런 깨달음을 마음에 차리는 과정에서 더 큰 행복을 느낄 수 있다.

🍋 슬기 찾기 활동 문제 만들기

1단계 기본 문제 만들기 - 상상력을 키워 주는 활동

2~3단계 심화 문제 만들기 - 통찰력을 키워 주는 활동

- **2단계** 둘이서 할 수 있는 활동

- **3단계** 여럿이서 할 수 있는 활동

4단계 배경 문제 만들기 - 더 깊은 깨달음을 얻는 활동

🍋 슬기 찾기 활동의 방향 알아보기

🍋 슬기 찾기 활동 직접 해 보기

> # 슬기 찾기 활동
> # 문제 만들기

1단계 각 장에서 찾아볼 수 있는 기본 문제

줄거리를 파악할 수 있는 가장 기본적인 질문으로 구성되어 있다. 이 밖에도 읽으면서 궁금한 것이 있으면 질문의 형식으로 문제를 만들어 보고 그 답을 자유롭게 찾아보자.

① 예피란 이름에는 어떤 뜻이 담겨 있나요?
② 예피는 어린 싹을 내기 위해 어떤 노력을 했나요?
③ 접을 붙이면 좋은 점은 무엇일까요?
④ 예피라는 이름을 듣고 나비는 부럽다고 했는데, 그 까닭은 무엇일까요?

⑤ 처음으로 피운 꽃을 다 잃은 예피는 어떤 결심을 하나요?

⑥ 예피는 몸과 마음을 어떻게 키워 나갔나요?

⑦ 나의 주인은 나밖에 없다고 예피는 말합니다. 그렇게 말할 수 있는 까닭은 무엇일까요?

⑧ 예피는 어느 곳으로 옮겨졌나요? 그곳에서는 무엇으로 불렸나요? 어떤 꿈을 갖고 살았나요?

⑨ 예피는 자신의 아기씨를 어떻게 보호하며 키워 갔나요?

⑩ 예피는 둘레의 식물이나 동물들과 어떻게 지냈나요?

⑪ 없어진 살구 두 알의 행방에 대해 예피는 어떻게 추측했나요?

⑫ 예피는 둘레의 식물이나 동물들에게 어떤 도움을 줬나요? 또 어떤 도움을 받았나요?

⑬ 열매를 잘 키워 가던 예피에게 어떤 일이 일어나고 있었나요?

⑭ 살구가 털린 것을 보고 아이들은 어떤 반응을 보였나요?

⑮ 살구를 털어 간 사람은 누구일까요?

⑯ 예피를 감시하고 있던 사람들은 어떤 사람들이었을까요? 어떤 목적으로 그렇게 하고 있었을까요?

⑰ 예피는 몸의 반의반이 잘려 나가는 일을 당하고 말았어요. 그런 억울한 일을 당한 이유에 대해 예피는 무엇 때문이라고 생각했나요?

⑱ 예피는 왜 행복했나요? 그 이유를 써 봅시다.

⑲ 말라 죽어 가는 예피에게 어떤 일이 일어났나요?

⑳ 예피의 마지막 꿈은 무엇이고, 이루어질 수 있을까요? 이루어질 수 있다면

그렇게 생각한 까닭은 무엇인가요?

> 🍋 **내가 만들어 본 문제**
>
> 1. _____
>   _____
>
> 2. _____
>   _____

2단계   둘이서 생각을 나눠 볼 수 있는 문제

　깨달음을 얻기 위한 질문으로 구성되어 있다. 책을 읽는 과정에서 궁금한 것을 묻고 따지고 서로의 생각을 나눠 보는 과정을 통하여 자신에게 필요한 슬기를 얻고자 하는 것이다.

　어느 단계이든 자신의 궁금증을 바탕으로 하는 것이 좋다. 궁금한 것에 대해 둘레의 사람들과 생각을 나눠 보는 과정에서 자신에게 필요한 슬기를 얻을 수 있기 때문이다. 슬기를 보는 눈도 그만큼 자라난다.

1️⃣ 예피는 7장에서 "한없이 평화로운 세계에서 나의 주인은 나밖에 없고, 나의 꿈을 마음껏 키워 나가는 것밖에 없었지요."라고 말합니다. 식물의 주인은 누구일까요? 사고팔았기 때문에 다른 사람의 것이 될 수 있을까요? 될 수 있다면(또는 없다면) 왜 그런지 그 이유를 말해 봅시다.

여기에서 한 걸음 더 나아가, 나의 주인은 누구일까요? 나일까요? 아니면 나를 낳아 준 부모일까요? 아니면, 그 밖의 다른 사람이 될 수 있을까요? 다른 사람과 이야기를 나눠 봅시다.

2️⃣ 11장에서 예피는 이렇게 말합니다.

'없어진 두 알의 살구로부터 엄청나게 큰 문제가 생길 줄이야!'
이때만 해도 그런 일이 벌어질 줄은 미처 몰랐어요. 나에게 불어닥친 엄청나게 큰 고통을 말이에요.
이렇게 그때의 기억을 되짚어 보니, 문제는 역시 그 두 알의 열매로부터 시작된 것이었지요.
엄청나게 큰 문제도 처음에는 아주 작은 문제에서 시작되잖아요. 그러고 보면 아주 작은 일이라도 소홀히 하면 안 될 것 같아요. 작은 눈덩이가 언제 집채만 한 눈사람이 되어 덮칠지도 모르는 일이거든요.

❶ 작은 일이 원인이 되어 결국에는 큰 일이 되었거나 큰 손해를 보았다거나 큰 사고를 당한 적이 있나요? 자신의 경험을 서로 나눠 봅시다.

❷ '나비효과'라는 말이 있어요. 이 말은 어떤 뜻을 담고 있나요?

❸ 이런 일을 예방하려면 어떻게 해야 할까요? 서로 이야기를 나눠 봅시다.

③ 다른 사람의 행동이나 말을 이해하게 되는 어떤 계기가 있을까요? 그리고 그 사람의 행동이나 말을 잘 이해하려면 어떻게 해야 할지 서로 이야기를 하여 봅시다.

④ 20장에서 예피와 목소리는 이렇게 대화를 나눕니다.

그래도 다정다감한 목소리는 계속해서 들려왔어요.

"예피님! 예피님!"

"예."

"예피님! 예피님의 남은 꿈이 무엇인가요? 예피님의 마지막 꿈을 이루어 주도록 하겠어요."

"저는 이제 꿈이 없어요."

"그래도 마지막 꿈이 있지 않겠어요? 그 꿈이 무엇인가요?"

"저는 이제 틀렸어요. 저는 이제 죽을 거예요. 억울하게 말이에요."

"그러면 그런 억울함을 풀기 위해, 그렇게 만든 사람을 찾아내고 벌주는 것이 마지막으로 남은 꿈인가요?"

"아니에요."

이렇게 말하며 고개를 가로저었지요.

그렇게도 하고 싶었지만, 그렇게 해 본들 아무런 소용이 없다는 것을 알고 있었어요. 오히려 그런 것보다 좀 더 가치 있는 무엇인가가 있을 것만 같았지요.

"그럼 무엇인가요?"

나는 마지막으로 좀 더 가치 있는 것을 생각해 봤어요. 분명 무엇인가가 꼭 있을 것만 같았거든요.

"저는 저의 이름처럼 예쁘게 피어나는 것을 보고 싶어요. 저처럼, 현지처럼, 우리 아이들도 예쁘게 피어나는 모습을. 그리고 그 아이들이 저의 꿈을 이어 가는 모습을요."

❶ 예피의 마지막 꿈은 무엇이었나요?

❷ 억울함을 풀지 않고 왜 그 꿈을 선택했을까요?

❸ 예피에게 해를 가한 사람은 어떻게 되었을까요? 그리고 벌을 받아야 한다면 어떤 벌을 받아야 할까요?

❹ 예피의 살구를 훔쳐 간 사람은 또 어떻게 되었을까요? 그리고

벌을 받아야 한다면 어떤 벌을 받아야 할까요?

❺ 예피에게 하고 싶은 말을 자유롭게 써 봅시다.

🍋 **내가 만들어 본 문제**

1. _____
   _____

2. _____
   _____

☀️ **3단계**   여럿이서 생각을 나눠 볼 수 있는 문제

이 단계는 셋 이상의 사람들과 의견을 나눠 볼 수 있는 질문들로 구성되어 있다. 종합적인 사고력을 필요로 한다. 자신에게 필요한 지혜를 얻는 데 그 목적을 두고 있다.

1️⃣ 가장 마음에 와 닿는 말이나 장면을 그림으로 그려 봅시다. 그리고 이 이유도 잘 정리하여 써 봅시다.

2 예피는 이렇게 말합니다.

[1장] 내 이름은 예피(살구나무, 7살, 우)예요.
두툼한 흙을 뚫고 돋아났을 때 붙인 이름이에요. 예쁘게 피어나라는 뜻에서 지어진 이름이랍니다.

[2장] 7년 전이었어요. 3월의 어느 날, 나는 어느 농가의 묘목장에서 돋아났어요. 물론 그전에는 하나의 씨앗이었고요.

[3장] 나에게는 나를 낳아 준 부모님도 분명 있었을 테지만, 이를 알려 주는 동물은 없었어요. 나에게는 나를 낳아 준 부모님도 분명 있었을 테지만, 이를 알려 주는 동물은 없었어요. 형제들도 많이 있었을 텐데, 역시 알려 주는 동물은 한 마리도 없었어요.

[4장] 아기씨가 조금씩 자라나자 그 덕분에 나는 더 큰 꿈을 꿀 수 있게 되었어요. 이를테면 멋진 열매를 맺어야겠다는 꿈을 꿀 수 있게 된 것이었지요.

❶ 예피는 태어난 때도 있고 태어난 곳도 있고, 이름도 있습니다. 부모도 있고 형제도 있다고 합니다. 꿈도 있고 그 꿈을 아름답게 가꾸어 가려고 노력합니다. 그렇다면 예피는 사람이라고 할 수 있을까요?

❷ 예피를 사람이라고 할 수 있다면(없다면) 그 까닭은 무엇일까요?

❸ 사람이란 말은 사람에게만 쓰는 말일까요? 그렇다면(그렇지 않

다면) 그 이유는 무엇일까요?
❹ 동물이나 식물도 살아 있기 때문에 사람이란 말을 쓸 수 있지 않을까요?

3️⃣ 예피는 12장에서 이렇게 말합니다.

앞으로도 좀 더 노력하여 나를 둘러싸고 있는 보이는 것들뿐 아니라 보이지 않는 것들과도 서로 돕고 어울려 더 큰사람이 되어야겠다고 다짐했어요.
생각해 보면 그것 역시 내가 더 예쁘게 피어나는 길이 아니었을까요?

❶ 더 큰사람이 된다는 말에는 어떤 뜻이 담겨 있을까요?
❷ 예피는 더 큰사람이 되기 위해 어떻게 행동하기로 했나요?
❸ 서로가 서로를 이해하고 알아준다는 말에는 어떤 뜻이 담겨 있는지 서로 이야기를 나눠 봅시다.
❹ 서로가 서로를 알아줌으로써 우리는 나를 더 크게 만들어 나갈 수 있을까요?
❺ 여러분은 어떤 소질을 갖고 있나요? 그 소질을 계발하는 것은 큰사람이 되는 길이 될까요?
❻ 여러분은 자신의 소질을 계발하기 위해 어떤 노력을 하고 있나요?

❼ 여러분은 어떤 방법으로 큰사람이 되고 싶은가요?

④ 14장에서 예피는 이렇게 말합니다.

아주 작은 관심을 가졌다는 이유만으로 마치 자기 것인 양 착각하고, 아니 자기 것이라고 주장하였지요. 그런 주장이 암암리에 통하게 되고 인정을 받게 되면 이번에는 제멋대로 대하고, 그다음에는 마음대로 팔아먹으려고 하지 않을까요? 그런 고약한 버릇이 들어 있는 것처럼 느껴졌어요.

더욱더 우스운 것은 얼마 전에 "주인이 없다거나 먼저 발견했다는 이유만으로 '나의 것'이라고 생각했기 때문인지, 나를 잡으려고 하지 뭐예요? 이상하게 생긴 그물을 들고 쫓아오는데, 얼마나 놀랐는지 몰라요."

라는 말을 하며 날아가는 나비를 본 적도 있었어요.

그때는 그 말을 듣고도 잘 몰랐어요. 그것이 정말 맞는 말인지도 이해할 수가 없었지요.

❶ 어떤 것에 자신의 노동력을 가하면 자신의 것이 될 수 있을까요? 될 수 있다면(없다면) 그 이유는 무엇일까요?
❷ 어떤 것을 먼저 발견한다면 발견한 사람의 것이 될 수 있을까요? 될 수 있다면(없다면) 그 이유는 무엇일까요?
❸ 자신이 만들었으면 자신의 것이 될 수 있을까요? 될 수 있다면

(없다면) 그 이유는 무엇일까요?
❹ 자신이 낳은 것이라면 자신의 것이 될 수 있을까요? 될 수 있다면(없다면) 그 이유는 무엇일까요?
❺ 자신의 것이 될 수 있다는 말은 어떤 뜻을 갖고 있을까요? 다른 사람들과 이야기를 나눠 봅시다.

5 20장에서 예피는 다음과 같이 말합니다.

지금은 아이들이, 특히 자기 몸의 일부처럼 생각하는 아이들이 찾아와서는 눈물을 흘리며 슬퍼하는 것이었어요.

모처럼 하나가 될 수 있어 좋았는데….

더 크게 돕고 더 크게 어울릴 수 있게 되어 행복했는데…. 더 아름다운 세상을 만들어 갈 수 있다는 희망을 보게 되어 정말 행복했는데 말이죠.

그런 꿈도 이제는 끝이 났어요. 예쁘게 피어나겠다던 나의 꿈은 그렇게 끝이 났고, 그와 함께 느꼈던 보람도, 행복도 모두 끝났어요.

그래도 마지막 희망은 버리고 싶지 않았어요. 새롭게 생긴 희망 말이에요. 우리 아이들에게서 찾아낸 희망 말이에요.

그것은 바로 우리 아이들도 나와 같은 꿈을 갖고 살아갈 수 있다는 희망이지요.

나는 이제 그와 같은 희망만을 마음에 간직한 채 죽을 날을 기다리고 있었답니다. 내게는 달리 할 수 있는 일이 없었으니까요.

억울했지만 하는 수 없었어요.

내 힘으로는 어쩔 수 없는 일이 되고 말았거든요.

못다 한 나의 꿈은 이제 나의 친구들에게 기대를 걸 수밖에요. 현지라는 아이를 비롯한 어린이 친구들을 믿어 보는 수밖에요.

어쩌면 난, 다른 어떤 나무들보다도 행복한 나무인지도 모르겠어요. 나를 알아주는 사람을 만났기 때문이죠. 나의 꿈을 이어 갈 아이들을 말이에요.

❶ 예피는 자신을 왜 행복한 나무라고 말하고 있나요?

❷ 예피는 아름다운 세상은 어떻게 만들어 갈 수 있다고 말하고 있나요?

❸ 예피의 마지막 꿈은 이루어질 수 있을까요? 있다면(없다면) 그 이유는 무엇인가요?

❹ 아름다운 세상을 만들기 위해 내가 할 수 있는 일들에는 어떤 것들이 있을까요?

❺ 예피처럼 억울한 일을 당하면 어떻게 하고 싶나요?

❻ 복수란 무엇일까요? 중요하다면 왜 중요할까요? 중요하지 않다면 왜 중요하지 않은지, 그 이유를 이야기해 봅시다.

❼ 예피는 왜 복수를 마지막 꿈으로 선택하지 않았을까요? 그 까닭을 이야기해 봅시다.

🍋 **내가 만들어 본 문제**

1. _____
   _____

2. _____
   _____

4단계 이 이야기의 배경이나 주제와 관련된 문제

이 단계는 이 이야기의 배경이나 주제와 관련된 문제들을 생각해 볼 수 있는 문제들로 구성되어 있다. 전문적인 영역이다. 깊이 있는 사고력을 요구한다.

1 한국인은 '나'라는 말에 어떤 슬기를 담아 왔을까요?

2장에서 예피는 이렇게 말합니다. "7년 전이었어요. 3월의 어느 날, 나는 어느 농가의 묘목장에서 돋아났어요. 물론 그전에는 하나의 씨앗이었고요." 그래요. 예피는 돋아났어요. 이에 비해 사람은 태어났고요. 그렇다면 이처럼 돋아난 '나'와 태어난 '나'는 같은 나일까요?

다른 나일까요?

같다면 왜 같은지 말해 보고, 다르다면 왜 다른지 말해 봅시다.

2 '꿈'이란 무엇일까요?

예피는 비록 살구나무이지만 그 나름의 꿈을 갖고 살아갑니다. 더 크게 피어날 꿈을 갖고 말이에요. 그러다가 결국에는 그 꿈이 꺾이고 맙니다. 삶과 함께 자신의 모든 것을 잃었다고 말합니다. 그리고 그것이 가장 억울한 것이라고도 말합니다. 그렇다면 사람들에게 있어 꿈이란 어떤 역할을 할까요? 그리고 사람다운 삶을 살려면 어떤 꿈을 가져야 하고 어떤 방법으로 이루어 가야 할까요?

자신의 생각을 정리해 봅시다.

3 갖는 것일까요? 아니면 서로 돕고 어울리는 것일까요?

어떤 사람은 살구나무에 핀 꽃을 보면 그 자체로서 아름다움을 느낍니다. 그렇지만 다른 어떤 사람은 그 꽃을 가지게 되었을 때 아름다움을 느끼기도 합니다. 갖지 않으면 아름다움도 느끼지 못하고 불안해하는 사람들도 있습니다.

예피는 14장에서 이렇게 말합니다. "친구로 삼고 이름을 붙여 줬다는 이유만으로 나의 살구 역시 '친구의 것'에서 '나의 것'으로 바뀐 모양이에요. 다툼의 과정에서 슬그머니 그렇게 된 것이었지요."라고 말이에요. 있는 것을 있는 그대로 보지 못하고 나의 것으로 슬그머니 마음이 바뀌었다고 말하고 있습니다. 즉, 있는 그대로 인정하지 못하고 나의 것으로 만들려 하고 있다고 말입니다.

산다는 것은 무엇일까요? 있는 것을 있는 그대로 존중하며 서로 돕고 사는 것일까요? 아니면, 나의 것으로 만들고 나의 것으로 가지는 것일까요? 행복은 어느 쪽에 있을까요?

자신의 생각을 정리해 봅시다.

4 한국인이 추구해 온 덕이란 무엇일까요?

예피의 삶을 통해 덕이란 무엇인지 생각해 봅시다. 예피의 삶은 자신을 둘러싼 온갖 것들과 어울려 사는 삶이었습니다. 즉, 자신의 소중한 것을 서로 주고받는 삶이었습니다. 바람과도 주고받고, 햇빛과도 주고받고, 흙이나 그 흙에 사는 동물이나 그 흙에 뿌리는 내리고 있는 식물들과도 주고받는 삶을 살아갑니다. 어쩌면 덕이란 그런 과정 속에 있는 것이 아닐까요? 잘 주는 것도 덕이 되지만, 잘 받는 것도 덕이 되는 것이 아닐까요? 그리고 '~덕택에'나 '~덕분에'라는 말은 이런 삶의 과정을 뒷받침해 주는 말이 아닐까요?

예피의 삶을 정리해 보고, 그 속에서 덕이 무엇인지 정리해 봅시다.

🍋 **내가 만들어 본 문제**

1. _____
   _____

2. _____
   _____

슬기 찾기 활동의 방향 살펴보기

1 한국인은 '나'라는 말에 어떤 슬기를 담아 왔을까요?

한국인에게 있어 가장 많이 쓰는 말을 꼽으라 하면 아마도 '나'라는 말일 것이다. 그렇지만 그 말의 뜻을 알고 있는 사람이 그리 많은 것 같지는 않다. 그토록 많이 쓰고 있는데도 말이다. 국어사전을 찾아보면 '남이 아닌 자기 자신'이나 '다른 사람과 상대하여 자기를 가리키는 일인칭 대명사'로 나와 있다. 나라는 말 그 자체가 가진 뜻을 밝히는 것이 아니라 다른 것과 비교함으로써, 또는 구별함으로써 그 뜻을 구하고 있다. 이런 식이라면 손가락으로 자기 자신을 가리키는 것이 훨씬 더 좋은 뜻인지도 모르겠다. 이해하기도 쉽고⋯.

그렇지만 이는 나라는 말이 갖고 있는 겉뜻일 뿐 속뜻은 아니다. 그렇다면 그 자체로서의 뜻을 갖고 있지 않을까? 그리고 그런 뜻을 알아보기 위해서는 '나'라는 말이 들어가 있는 낱말들을 찾아보는 것도 좋은 방법일 것 같다. 이와 같은 분석에서 '나'라는 말이 들어가 있는 낱말들을 찾아보면 다음과 같은 것들이 있다.

'태어나다', '생겨나다', '돋아나다', '피어나다', '일어나다', '솟아나다' 등.

이 낱말들의 공통점은 모두 세 번째에 '나'라는 말이 들어가 있다는 것이다. 그리고 보면 이 누리는 나 아닌 것이 없다.[1]

'태어난 나'와 '돋아난 나' 이외에도 '솟아난 나', '일어난 나', '생겨난 나', '피어난 나' 등 수없이 많은 나가 있을 수 있다.[2]

구체적인 예를 들어 보면, 우리와 같은 사람, 즉 젖을 먹는 동물들은 모두 '태어난 나'이다. 어머니의 태를 타고 나온 나라는 뜻이다. 이 이야기에 나오는 '예피'처럼 씨앗을 통해 나오는 나는 '돋아난 나'라고 할 수 있다.[3]

---

1 최봉영, 『한국인에게 나는 누구인가』, 지식산업사, 2012, 28쪽.

2 이와 같은 뜻으로서의 '나'라는 말은 중국인이 나라고 말하는 워(我), 일본인이 나라고 말하는 보쿠(僕), 와타시(私)나 영어의 아이(I)하고는 그 속뜻이 다르다(신원우, 『곰은 왜 사람이 되려고 했을까?』, 책과나무, 2019, 199~202쪽). 이 낱말로도 한국인이 가진 세계관을 엿볼 수 있다.

3 '나'라는 말에 감춰진 이런 뜻을 이해했다면, 예피가 자신을 가리켜 '나'라는 말을 쓰고,

그러고 보면 온갖 식물들은 모두 돋아난 나라고 할 수 있고, 꽃과 같은 것은 다시 또 '피어난 나'라고 할 수 있다. 그뿐이 아니다. 새나 개구리처럼 알에서 생겨난 것들은 모두 '생겨난 나'이고 바람이나 불은 일어나는 것이기 때문에 '일어난 나'이며, 물이나 바위 또한 땅에서 솟아나는 것이기 때문에 '솟아난 나'로 볼 수 있다.

나를 둘러싸고 있는 온갖 것들은 모두 '난 것'으로서 나이다. 나 아닌 것이 없다. 난 것으로의 나는 저마다 타고난 자질을 크게 꽃피우기 위해 살아간다. 사람은 사람으로서 타고난 자질을 키우며 살아간다. 그런 점에서는 동물들도 그렇고, 식물들도 그렇다. 모두가 타고난 자질을 아름답게 꽃피우기 위해 최선의 노력을 다하며 살아가고 있는 것이다. 그런 활동으로 가득 찬 이 세상은 온갖 생명이 꿈틀대는 생명공동체라 하지 않을 수 없다.

이와 같이, 우리 조상들은 나라는 말을 그렇게 만들었고, 그렇게 사용해 왔고, 세상을 또한 그렇게 보아 왔다. 나와 나를 둘러싸고 있는 것들은 '난 것'으로서의 생명공동체를 이루고 있을 뿐 아니라, '서로 어울려 살아가는' 삶의 공동체를 이루고 있다. 생명과 생명이 서로 이어져 있고, 삶과 삶이 서로 얽혀 있는 하나의 큰 어울림의 공동체를 이루고 있는 것이다.

'나도 사람이다.'라고 주장하는 것도 어느 정도는 이해될 수 있을 것 같다.

이 같은 점에서 우리 조상들이 나라는 말로서 이 세상을 바라본 세계관을 엿볼 수 있고, 그 속에 담겨진 엄청난 지혜도 꿰뚫어 볼 수 있다.

'사람으로서의 나'와 '다른 나'들 사이에 다른 점이 있다면 사람인 나는 내가 나인 것을 알고 있지만, 사람 이외의 것들은 그렇지 않다는 점이다. 그리고 이처럼 다른 점은 사람의 우월성을 보여 주고 있는 것이 아니라, 사람으로서 '다른 나'들을 사랑하고 아끼고 그들도 나처럼 자신이 가진 자질을 꽃피울 수 있도록 크게 도와야 함을 의미한다는 점이다. 그렇게 했을 때 사람으로서의 자질을 다한 사람다움을 이룰 수 있다.

2 꿈이란 무엇일까요?

어떤 사람은 이렇게 생각할지도 모른다. 즉, 나란 나 스스로가 만들어 가는 것이라고 말이다. 무엇을 먹고 싶고, 무엇을 하고 싶고, 무엇인가가 되고 싶고, 무엇인가를 갖고 싶은 것이 나라고…. 이와 같이 나 스스로가 나를 바라보는 나가 있을 수 있다.

물론 그 반대의 경우도 있다. 즉, 나 아닌 다른 사람들에게 보인 나가 정말 나라고 생각하는 사람들도 있을 수 있다는 것이다. 이 아이는 무엇을 좋아하고, 어떻게 생겼고, 무엇을 잘하고…. 이를테면 다른 사람에게 비쳐지는 나가 있을 수 있다는 말이다.

나 스스로가 나를 바라보는 방식으로 또는 다른 사람들이 나를 바라보는 방식으로 나를 계속해서 찾아가다 보면, 일정 기간 바뀌지 않는 모습을 발견할 수 있다. 어쩌면 이렇게 바뀌지 않는 모습이 진짜 나이지 않을까? 나의 진짜 모습일지도 모르는 일이다.

꿈이란 다른 것이 아니다. 지금은 없지만4 상상과 통찰력으로 이루어 가는 것이다. 자신의 참모습을 찾아 더욱더 아름답게 가꾸어 가는 것이다. 그런 꿈을 잘 살펴보면, 그중에서도 무엇이 되고자 하는 꿈이 있을 수 있고, 무엇을 하고자 하는 꿈이 있을 수 있다. 꿈이란 그런 바람의 표현이고, 그런 바람을 더욱더 힘차게 밀고 나갈 힘을 준다. 그런 꿈이 있을 때, 그런 꿈을 이루려고 노력할 때 삶은 기쁨으로 가득 차고 하루하루를 즐겁게 살아갈 수 있다.

과학자가 되고 싶은 사람이 있을 수 있고, 선생님이나 경찰관이 되고 싶은 사람도 있을 수 있다. 그 반면 그림 그리는 것을 좋아하는 사람도 있고, 노래 부르는 것을 좋아하는 사람도 있을 수 있다. 돕는 것을 좋아하는 사람도 있고, 운동하는 것을 좋아하는 사람도 있다.

어렸을 때는, 타고난 자질을 크게 키우기 위해서는 '무엇이 되고자 하는' 꿈보다는 '무엇을 하고자 하는' 꿈을 키워 가는 좋다. 이는 무

---

4 최세힘, 『한국말의 구조와 체계』, 크리세이, 2020, 77쪽

엇이 되는 것에 자신을 한정시키고 가두는 것이 아니라 무엇을 향하여 자신의 소질을 크고 넓게 키워 가는 것이 좋다는 뜻이다.

③ 갖는 것일까요? 아니면, 더 크게 어울리는 것일까요?

한국인에게 있어 '나'라는 말은 두 가지 측면을 갖고 있다. 즉, 따로 하는 나로서의 '저'가 있는 반면 함께하는 나로서의 '우리'도 있다. 이때의 우리라는 말은 '우리 집', '우리 학교', '우리나라'라고 말할 때의 나를 지칭한다. 공동체를 구성하고 있는 한쪽으로서의 나를 가리킬 때 쓰는 말이다. 그리고 이 둘은 동전의 양면처럼 떼려야 뗄 수 없는 관계를 이룬다. 그렇다면 나를 아름답게 가꾸어 가려면 어떻게 해야 할까? 따로 하는 나로서의 '저'를 키워야 할까? 아니면, 함께하는 나로서의 '우리'를 키워야 할까?

어떤 사람은 돈을 많이 벌고, 재산을 늘림으로써 자신을 키워 갈 수 있다고 본다. 무엇인가를 많이 갖고, 높은 지위에 올라야 자신이 큰사람이라고 생각하는 것이다. 그러므로 많이 갖고 높은 지위에 오를수록 행복하다고 생각한다.

그러나 그렇지 않은 사람들도 있다. 그들은 덕을 쌓음으로써 자신을 키워 갈 수 있다고 생각한다. 둘레의 것들을 돕고, 그들과 서로 어울려 살아감으로써 자신을 더 큰사람으로 키워 갈 수 있다고 보는 것이다. 이런 사람들은 서로 돕는 과정에서 덕을 쌓고 또 그런 식으로 살아가며 그런 과정에서 행복을 느낀다.

그러면 이제는 하나의 예를 들어 살펴보자. 가령 여기에 아름다운 살구꽃이 한 송이 피어 있다고 가정해 보자. 어떤 사람은 그 꽃을 꺾어 자신의 방에 있는 꽃병에 꽂아 놓고 그 아름다움을 즐기려 할지도 모르겠다. 이런 사람들은 어떤 것을 자신의 손아귀에 많이 가지면 가질수록 행복하다고 느낄지도 모른다.

그렇지만 그렇지 않은 사람도 있다. 그 자체로서 큰 아름다움을 느끼는 사람도 있다. 한 폭의 그림처럼 그 꽃과 둘레의 모든 것들의 조화 속에서 큰 감동을 얻고, 그 감동을 마음에 간직하며 살아가는 사람도 있는 것이다. 어울려 살아가는 가운데, 더 큰 어울림 속에서 행복을 느낄지도 모르겠다.

나를 큰사람으로 키우고 아름답게 가꾸어 가는 삶은 어떤 삶일까? 많은 것을 갖는 것일까, 아니면 더 큰 어울림을 추구하며 살아가는 것일까?

예피의 삶은 위의 여러 가지 삶의 모습 중 어떤 모습에 가까울까?

4 한국인이 추구해 온 덕이란 무엇일까요?

그러고 보면 이런 사고방식도 있을 수 있을 것 같다. 나를 하나의 관계로 파악하는 것이다. 아버지나 어머니에게는 아들이나 딸이고, 할아버지나 할머니에게는 손자나 손녀이며, 형이나 누나에게는 동생이고, 동생들에는 오빠나 언니로 말이다. 선생님에게는 학생이고 친구에게는 친구로서 말이다. 그리고 그 관계에 따라 나의 역할도 달라지고, 삶의 모습도 달라진다. 이런 생각을 하다 보면 그들과 서로 영향을 주고받으며 살아가고 있는 자신의 모습을 발견할지도 모르겠다.

　이와 같은 모습은 자신을 둘러싸고 있는 자연과의 관계 속에서도 찾아볼 수 있다. 우리는 우리를 둘러싸고 있는 수없이 많은 것들과 서로 많은 것을 주고받으며 살아간다. 숨을 쉬는 일로부터 시작하여 먹고 마시는 일뿐만이 아니라 삶에 필요한 많은 것들을 주고받고 있는 것이다.

　이와 같이 우리는 우리를 둘러싸고 있는 온갖 것들과 많은 것을 주고받으며 살아간다. 크게 보면 그처럼 많은 관계 속에서 주고받는 모든 행위가 다 덕이 될 수 있다. 예를 들면, '어머니가 맛있는 밥을 해 준 덕택에 배불리 먹을 수 있었다.'라는 것으로부터 '오늘은 좋은 날씨 덕분에 운동장에서 공놀이를 할 수 있었다.'에 이르기까지 사람들뿐 아니라 둘레의 모든 것들과 우리는 덕을 주고받으며 살아가고 있는 것이다.

　그렇지만 결과적인 면에서 보면 주고받는다고 하여 모든 행위가 다 덕이 되는 것은 아니다. 서로가 서로의 힘을 살려 줄 수 있을 때,

타고난 자질을 크게 키워 줄 수 있을 때만 덕이 된다 할 것이다. 그러므로 살리는 힘이 되지 않는다면 그런 것은 덕이 될 수 없는 것이다. 어질게 행동하지 않으면 덕이 될 수 없는 것이다.

그렇다면 우리는 우리를 둘러싸고 있는 것들의 자질을 크게 키워 주기 위해 어떤 덕을 베풀며 살아갈 수 있을까? 그리고 어떻게 베풀 때 덕을 베풀었다고 할 수 있을까?

한편 '베풀다'라는 말의 15세기 형태를 찾아보면[5] '베프다'나 '베푸다'로 나온다. 그리고 보면 이 말은 '베다+푸(프)다'로 이루어진 말이다. '푸다'는 퍼내는 것을 말한다. 그러므로 '베풀다'라는 말은 자신의 소중한 것을 베어 퍼내는 것을 뜻한다. 즉, 도움을 필요로 하는 사람을 돕고 둘레의 것을 아름답게 가꿔 가려면 자신의 소중한 것을 베고 푸지 않으면 안 된다는 말이다.

이 책에서는 예피의 삶을 통해 베푸는 삶의 모습을 보여 주려 했다. 둘레의 것을 크게 돕기 위해 자신의 소중한 것을 베어 내고 나눠 주고 함께하는 모습을 보여 주려 한 것이다. 그런 삶이야말로 덕을 쌓는 삶이며, 그런 덕을 통해 우리는 더 크게 어울릴 수 있고, 더 큰 어울림을 통해 더 큰 우리를 만들어 갈 수 있다. 그리고 보면 덕이란 나와 남이 더 크게 어울려 살아가는 바탕[6]이 되는 것이다.

---

5   국립국어원 우리말샘, opendict.korean.go.kr 베풀다
6   최봉영, 『말과 바탕공부』, 고마누리, 2013, 185쪽

그런데 이와 같은 삶을 살려면 최소한 하나의 조건이 전제되어야 한다. 그것은 바로 있는 것을 있는 그대로 인정하고 존중하는 태도이다. 즉, 사람뿐 아니라 동물, 식물, 심지어는 무생물까지도 그 나름의 고유한 가치를 가졌고, 그런 가치를 그대로 인정하고 존중해야 한다는 것이다. 서로가 서로에게 필요한 것이고 도움을 주고받는 동등한 존재라고 하는 점이다. 이런 점이 전제되지 않는다면 우리로서의 더 큰 어울림은 불가능하다 할 것이다.

특히 주인이 없다는 이유로, 노동력을 조금 가했다는 이유로 어떤 것을 자신의 것으로 만들려 한다면, 아니 그런 생각이 잠시라도 들었다면, 동등한 어울림은 불가능하다 할 것이다. 그리고 그런 어울림이 불가능하다면, 설령 아무리 크게 돕는다고 하더라도 그런 것은 덕이 될 수 없다는 뜻이기도 하다.

그러므로 크게 돕고 베풀어 덕을 쌓고자 한다면, 상대방을, 그중에서도 그 상대방이 가진 본디의 가치를 인정하고 존중하는 마음가짐부터 먼저 갖추지 않으면 안 될 것이다. 이 책에서는 이런 점을 크게 돕고 덕을 베푸는 삶의 출발점으로 보고 있고 이야기를 이끌어 가고 있다. 특히 14장은 이런 점을 깊이 있게 다루려고 노력했다. 큰 도움이 되길 바라며, 예피의 꿈을 이어받아 더 큰사람으로 거듭나길 바란다.

슬기 찾기 활동 실제로 해 보기

문제[제목]

이 문제를 선택한 이유나 궁금한 점

스스로 생각하며 풀어낸 점

새롭게 생겨난 궁금증

생각을 나눠 보는 과정에서 새롭게 알게 된 점

새롭게 생겨난 궁금증 및 해결 방안

깨달은 점 정리 및 현실 적용 방안 탐색

유의할 점 알아보기

★ 슬기 모음집(또는 탐구보고서) 만들기

정리한 것을 바탕으로 하여 다양한 방식으로 재미있게 표현해 봅시다.

★ 참고 문헌

신원우, 『곰은 왜 사람이 되려고 했을까?』(슬기교육 시리즈 [1]), 책과나무, 2019.

최봉영, 『한국인에게 나는 누구인가』, 지식산업사, 2012

최봉영, 『말과 바탕공부』, 고마누리, 2013

최새힘, 『한국말의 구조와 체계』, 크리세이, 2020

국립국어원 우리말샘, opendict.korean.go.kr 베풀다